― 「政策に強い議会」をつくる ―

自治体議員の政策づくり入門

中央大学法学部教授 礒崎 初仁 著

Copa Books

自治体議会政策学会叢書

目　　　次

はしがき ……………………………………………………… 7

第1章　政策に強い議会をつくる ………………………… 12

1　人口減少時代の自治体議会—何が求められるか ………… 12
2　議会の役割は何か—熟議デモクラシーと３つの機能 ……… 17
3　議会改革の方向性—「行動する政策機関」へ………………… 26

第2章　政策の見方・つくり方を学ぶ〈総論〉 ……………… 29

1　政策とは何か—政策の意味 ………………………………… 29
2　政策の形式と権限関係 ……………………………………… 33
3　政策の評価—すぐれた政策とは何か ……………………… 38
4　政策づくりのポイント—成功の秘訣とは ………………… 43
5　政策の５段階プロセス—政策をどうつくるか …………… 45

第3章　政策課題を把握し設定する〈課題設定〉 ………… 49

1　地域課題の把握—ニーズをどうつかむか ………………… 49
2　組織課題としての設定—議会や執行機関を動かす ………… 51
3　議会内の検討体制をどうつくるか ………………………… 54

第4章　政策案をつくる—政策的検討〈立案１〉 ………… 56

1　目的の明確化（基本設計１）……………………………… 56
2　政策手法の列挙と選択（基本設計２）…………………… 58
3　主な構成要素の検討（基本設計３）……………………… 63
4　具体的な政策内容の検討（詳細設計）…………………… 64

第5章 **政策案をつくる─法的検討〈立案2〉** ･･･････････････････ 66

　1　法的検討の基本原則 ････････････････････････････････ 66

　2　憲法（人権保障）に反しないこと ･･････････････････ 68

　3　条例案の法的検討─条例制定権の3つのハードル ･･･････ 71

　4　条例案の作成（詳細設計）─法制執務とは何か･･････････ 78

第6章 **政策案を審議する〈決定〉** ････････････････････････ 82

　1　議決事項の種類と提案権・修正権 ････････････････ 82

　2　審議の活性化─議員間討議を増やす ･･････････････ 83

　3　住民・有識者の意見の活用 ････････････････････････ 87

　4　計画案の審議─代替案をぶつける ･･･････････････ 90

　5　予算案の審議─修正権を活用する ･･････････････ 93

　6　条例案の審議─議員提案権を活用する ･･････････････ 99

第7章 **政策執行を監視・評価する〈執行・評価〉** ･･････････ 105

　1　執行状況の点検・監視─6つの点検事項･･････････････ 105

　2　点検・監視の具体的方法 ･･････････････････････････ 107

　3　政策の執行状況の評価 ････････････････････････････ 107

第8章 **議会の政策体制をつくる** ･･････････････････････ 117

　1　議員の政策力の向上 ･･････････････････････････････ 117

　2　議会内の政策検討の習慣づくり─合意をどうつくるか ･････ 122

　3　外部人材との連携・活用 ･･････････････････････････ 125

　4　議会事務局の機能強化 ････････････････････････････ 127

第9章 選挙で政策を問う ·································· 131

1 選挙公約にどう取り組むか ·················· 131
2 議員マニフェストの可能性 ·················· 133
3 議員マニフェストのつくり方・届け方 ·············· 139
4 選挙公約・マニフェストの実行と評価 ············ 142
5 首長マニフェスト（選挙公約）にどう対応するか ·········· 143

第10章 議会の制度改革を考える ·················· 146

1 プロ型議会かアマ型議会か－議員のあり方の選択制 ········ 146
2 議員のなり手の拡大－サラリーマンや公務員を議員に ····· 150
3 選挙制度をどう考えるか－中選挙区制が望ましい ·········· 154

参考文献一覧 ·································· 159

はしがき

　いま日本では、本格的な人口減少時代を迎え、少子化対策や地方創生の取組みが求められています。こうした課題に取り組むうえで、首長と職員組織の役割は大きいのですが、首長だけでは多様な意見をくみ取ることは難しいし、縦割りの仕事に慣らされた職員組織では、地域を総合的にみる視点や住民の中に入りこむ行動力に欠ける面があります。そこで、住民の生活実態に即しつつ、地域全体を俯瞰できる議員が、地域の実情や住民の意向を吸収しながら、「熟議」を通じて対策を練り上げ、推進することが重要になっています。

　ところが、自治体議会に対しては、その存在意義や政務活動費などの問題に関連して、住民から不信や疑問の声が強まっています。議員選挙については、投票率が長期低落の傾向にありますし、立候補者も減少して無投票当選者の割合が高くなっています。自治体議会はいま危機に瀕していると言っても過言ではありません。

　こうした状況に抗するように、約4割の自治体議会（701議会）が議会基本条例を制定するなど（自治体議会改革フォーラム2015）、議会改革に取り組んでいます。議会自身がこうした自己改革に取り組んでいることは高く評価すべきですが、議会改革は手段であって目的ではありません。改革を行った後に、どういう

活動に取り組むか、地域の課題解決にどれだけ貢献できるかが肝心です。そもそも議会には政策形成機能と行政監視機能が期待されていますが、議会が存在意義を発揮し、住民の信頼を取り戻すには、特に政策形成機能を強化することが求められています。議会基本条例を制定したうえで、「政策に強い議会」に成長することが求められているのです。

そこで本書では、「政策に強い議会」のために自治体議員に何が求められるかを考え、議員に必要な「政策づくり」の基礎知識と留意点をコンパクトにまとめるとともに、その基盤を支える議会制度のあり方について検討しました。

本書の執筆にあたっては、次の点を重視しました。

第1に、入門書であることを踏まえて、コンパクトで平易な記載に努めました。取り上げたい情報や論点は多数ありますが、多くの方に手に取ってもらえるよう、必要不可欠な内容に絞り込むとともに、抽象的な記述には事例をつけるなど、一読して理解できるように心がけました。

第2に、実務の手引書になるよう、議員の実践に役立つ内容を心がけました。限られた紙幅ですが、議会活動に有用と思われるデータや事例は、図表も活用して掲載しましたし、実務で直面すると予想される疑問や課題には、できるだけ説明しておくようにしました。

第3に、今後の学習の基盤になるよう、体系性・理論性を失わないようにしました。入門書というと、難しい概念や理屈を避けて表面的なわかりやすさを競いがちですが、しっかりした建物を建てるには基礎工事が重要であるように、入門書こそ基礎になる概念や枠

組みをきちんと説明すべきだと思います。本書では、そうした概念や理論を避けることなく、むしろ何度も登場させることによって、読者に理解してもらえるよう工夫しました。

*

　本書は、自治体議会政策学会による第17期自治政策講座 in 横浜（2015年7月14日開催）における私の講演「分権改革と自治体議会の政策法務」をきっかけとして、刊行のお話をいただいたものです。当初は、講演のテーマどおり政策法務の取組みを中心に執筆することを考えていましたが、私自身、議員の方からしばしば「政策法務と言われるとハードルが高い」「議員提案条例だけが議員の仕事じゃない」と言われることがあり、それはそのとおりだと思ってきました。また、政策法務の実践も政策づくりの一部であり、予算や総合計画の審議などと対比させながら説明した方がトータルに理解できる面があります。そこで、イマジン社のご理解をいただき、執筆にあたってテーマを「政策づくり」一般に広げるとともに、議会の制度改革を含めた「入門書」にした次第です。その結果、刊行までに約2年の時間を要してしまいましたが、私なりにいま自治体議員の方々にお伝えしたいことはほぼ書きこむことができたと思っています。

　本書が多くの自治体議員や議会事務局の方々に手にしていただき、その実践に少しでも活用していただければ幸いです。

　なお、この末尾に記載したとおり、私は本書のテーマに関連していくつかの拙稿を発表しています。そのため、内容に一部重複があることをお断りします。

　本書刊行の機会を与えていただくとともに、テーマ

の修正と執筆の遅れにもかかわらず、刊行にいたるまで温かい言葉とご配慮をいただいたイマジン出版と同社の青木菜知子さんに、心から感謝申し上げます。

2017 年 7 月

礒崎　初仁

【法令・参考文献の引用方法】

・法令については、地方自治法の場合は「条項のみ」を表記し、その他の法令は「法令名と条項」を表記しました。

　〈例〉　…条例で議決事項とすることができます（96条 2 項）。＝地方自治法の場合

　　　　　…が認められています（地方公務員法 36 条 1 項、2 項）。＝その他の法令の場合

・参考文献については、本文では「著者・公表年・該当頁」のみを表記し、巻末に「参考文献一覧」を掲げる方式を採りました。

　〈例〉　…とされています（礒崎 2012：65）。

　　　　参考文献一覧に表示→・礒崎初仁（2012 年）『自治体政策法務講義』第一法規

既発表の論稿と本書の関係

関係する論稿	本書の関係章
「連載・自治体議会の政策法務（第1回〜第32回）」『月刊ガバナンス』2004年8月号〜2007年3月号	3章〜8章
「ローカルマニフェストと地方議会─議員はマニフェストにどう向き合うか」『月刊ガバナンス』2004年7月号	9章
『自治体政策法務講義』第一法規、2012年	2章〜7章
『ホーンブック地方自治（第3版）』（金井利之、伊藤正次との共著）北樹出版、2014年、8章、9章（礒崎執筆）	2章、4章、5章
「首長の権限、議会の影響力─二元代表制をどう機能させるか」『月刊ガバナンス』2016年9月号	1章、10章
「『政策に強い議会』をつくる─議会基本条例のその先へ」『月刊ガバナンス』2017年5月号	1章、6章
『知事と権力─神奈川県政・マニフェストの時代』東信堂、2017年（近刊）、9章、10章	1章、9章、10章

はしがき

第1章 政策に強い議会をつくる

① 人口減少時代の自治体議会
―何が求められるか

人口減少対策の取組み―自治体消滅論をこえて

　現在、日本は人口減少時代に突入しています。2008年の1億2,808万人をピークとして減少に転じ、このままでは50年後の2060年には約8,600万人、100年後の2110年には約4,200万人まで減少する見込みとなっています。いわゆる増田レポートが唱えた「**自治体消滅論**」（増田編著2014）には、「消滅」の定義や時期が不明確であること、若年女性の減少をもって消滅可能性が高いとするのは乱暴であることなど、いろいろな問題があり安易に受け入れることはできませんが（礒崎2015a、同2015b）、人口減少が始まると加速度的に減少が進む可能性があるため、人口対策の重要性を認識させた点は評価すべきです。

　これをきっかけとして、国は2014年に「**まち・ひと・しごと創生法**」（いわゆる地方創生法）を制定し、①潤いのある豊かな生活を安心して営むことができる地域社会の形成（まちの創生）、②地域社会を担う個性豊かで多様な人材の確保（ひとの創生）、③地域における魅力ある多様な就業の機会の創出（しごとの創生）を一体的に推進するという方針を打ち出しました（同法1条参照）。

　そしてこの法律に基づく「**長期ビジョン**」（2014年）では、2060年に1億人を維持して約1億200万人、

2110年には約9,000万人を維持する方針を打ち出しました。さらに「総合戦略」（2014年策定、2015年改訂）において様々な施策を掲げるとともに、こうした施策を実施する自治体に対して、情報支援、人的支援、財政支援を行うこととしました。この施策は、過去の地域振興策の反省を踏まえていないなどの限界がありますが（礒崎2015a, 同2015b参照）、現行制度の下で考えられる方策はほぼ網羅しているといえるでしょう。

　こうした支援策のうち、特に財政支援（地方創生加速化交付金など）への期待から、短期間にもかかわらず、2016年3月末までに47都道府県（100％）、1,737市区町村（99.8％）が**地方版総合戦略**を策定し、地方創生の取組みに着手しています（まち・ひと・しごと創生本部事務局2016参照）。このような地方創生の取組みは、国が補助金を手段として期限を決めて全国一律に進める点で地方分権の理念にはふさわしくない面がありますが、各地域が少子化・人口減少に歯止めをかけるために努力することは重要ですし、国がこれを支援すること自体は必要なことだと思われます。

地方創生に向けた自治体の課題―人口対策をどうするか

　人口急減に歯止めをかけるため、自治体は長期的な戦略を考え、国の支援策を利用しつつ、地域の実情に基づいて主体的な取組みを進めるべきです。その内容は、地域によって異なりますが、共通する課題は次のようなものになるでしょう。

　第1に、「**まちの創生**」については、土地利用の計画的な利用や転換を進めるとともに、不要となった施設をリニューアルし、新たな「まち」の魅力をつくることが重要です。たとえば、土地利用規制の見直し、

中心市街地の活性化、公共交通機関の再編、公共施設の更新、空き家・耕作放棄地の対策などが求められます。

第2に、「**ひとの創生**」については、出生率を高め人口減少に歯止めをかけるために、子育て支援や福祉・医療等のサービス基盤を整えるとともに、地域づくりの担い手としてのコミュニティ組織を支援することが重要です。たとえば、保育所整備や教育負担の軽減、介護施設・高齢者向け住宅の整備、病院・診療所の確保、地域への移住促進などが求められます。

第3に、「**しごとの創生**」については、農林漁業、観光など地域資源を生かした産業の振興を図るとともに、働く場の確保に取り組むことが重要です。たとえば、農林漁業の六次産業化、観光資源の開発、道の駅等の交流拠点の整備、福祉・医療の雇用安定化、コミュニティ・ビジネスの振興、ハローワークとの連携による就業支援などが求められます。

こうした取組みには、縦割りの制度と発想で仕事をしている行政職員よりも、住民のニーズに根ざしつつ地域全体を俯瞰できる議員の役割が重要になります。

人口減少時代の4つのキーワード―求められるシステム転換

人口減少時代には、個別の政策的な対応だけでなく、自治体行政のあり方全体の転換が求められると考えられます。その方向は、4つのキーワードで表せるでしょう。

第1に、公的サービスの「**コンパクト化**」です。人口減少によってサービスごとの利用者は減少する反面、多様なサービスが必要になるため、「小規模多機

能型」のサービスや拠点が求められています。また、一人暮らしの高齢者が増え、生活全般の支援が必要になるため、家庭を訪問して個々のニーズに合わせて提供する「御用聞き型」のサービスが重要になります。

第2に、公共施設や街の「リニューアル」です。主として高度経済成長時代に整備した道路、上下水道、学校、福祉施設などが耐用年数を迎えるため、災害対策を考えてもその更新や統合廃止が求められます。住宅、店舗、工場、農地も、空き家・休閑地・休耕地となるため、その利活用や転換を促進する必要があります。

第3に、「コミュニティ」が重要になります。人口減少に伴って地域住民の生活ニーズのすべてを行政が支えることはできませんし、人間関係や精神的なつながりが重視されるため、コミュニティの役割が重要になります。そのため、コミュニティ組織の活動を支援することが求められます。

第4に、以上の対応を進めるためにも「ローカル・ルール」が重要になります。サービスのコンパクト化やまちのリニューアルには、地域の実情に合ったルールが重要になりますし、コミュニティを支援するためには個別の「コミュニティ・ルール」が求められます。

このように前例のないシステム転換が求められる時代には、既存の制度と前例に縛られた行政職員よりも、地域の変化に敏感で条例をつくれる議員の役割が重要になります。

議会の存立基盤が揺らいでいる！

一方、自治体議会は、いま深刻な課題に直面しています。

第1に、議員の定数や議会の予算が減少し、議会の活動量が縮小していることです。議員の定数は、行政改革に伴う削減や平成の市町村合併によって減少してきましたが、今後、人口減少や財政縮小に伴ってさらに議員の定数や報酬が減少し、議会の機能をどう維持するかが問われるようになります。

第2に、住民の関心・期待が低下し、投票率が低下していることです。統一地方選挙の投票率をみると、1950～60年代には70～80％だった投票率が、次第に低下し、1990～2000年代に50％台、2010年代にはついに40％台に突入しています。

第3に、議員への立候補者が減少し、**無投票当選**が増加していることです。統一地方選挙における無投票当選者数の割合をみると、1990年代から都道府県議会議員と町村議会議員について10～20％に増加し、2000年以降は20％前後に「高値安定」するようになりました（図表1-1参照）。それだけ議員になりたいと思う住民が減少しているということです。今後は、女性、サラリーマン、公務員など多様な人材が立候補しやすい制度に改革するとともに、議員の魅力を増やしていくことが求められています（第10章2参照）。

このように、議会の活動量が減少するおそれがある中で、住民の関心が低下し、議員のなり手も減っているのですから、状況は深刻です。地方制度調査会は、人口減少社会におけるガバナンスのあり方を検討し、議会が「その役割をこれまで以上に十分に果たすためには、議会制度や議会運営のあり方、議員に求められる役割及び幅広い人材の確保という観点から、方策を講じる必要がある」と指摘しました（地方制度調査会2016：18-22）。議会は、これらの問題を主体的に考え

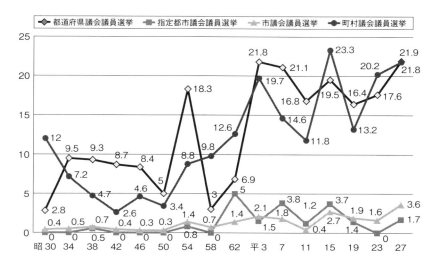

図表 1-1　統一地方選挙における改選定数に占める無投票当選者数の割合
出典：総務省「議会制度関連資料」第31次地方制度調査会配布資料2015年10月2日（総務省HPから入手）

る必要があります。

　なお、2017年に高知県大川村が議員のなり手不足から議会を廃止し**町村総会（94条）**を設置することを検討するとし、総務省も適切に助言することを表明しました（朝日新聞2017・5・10ほか）。私たちは状況がそこまで厳しくなっていることを認識すべきでしょう。

2　議会の役割は何か
　　―熟議デモクラシーと3つの機能

二元代表制の意味―2つの「デモクラシーのかたち」

　日本の自治体では、執行機関たる首長と議事機関たる議会がそれぞれ住民から直接選挙される**二元代表制（首長制）**が採られています。この制度は、アメリカ

の連邦や州で採用されている大統領制を基礎としつつ、議院内閣制的な要素を加味したしくみであり、首長と議会の**均衡と抑制（チェック・アンド・バランス）**によって権力の濫用を防止する**機関対立主義**（機関競争主義＝江藤2012a：9）の考え方に基づいています。

では、なぜ代表機関を2つも設けているのでしょうか。権力の濫用を防止するためなら、ひとつは任命制の機関にしてもよいはずです。

そもそも代表民主制では、民意を政治に忠実に反映させる「代表機能」と、必要な政策を決定し推進する「統治機能」の2つが求められます。前者が弱まると主権者から遊離した政治になりますし、後者が弱まると無力な政治となり主権者の期待に応えられません。この2つの機能は、あちらを立てればこちらが立たずというトレードオフの関係にあり、ここに代表民主制の難しさがあります（以上、山口2013：149-158）。

自治体の二元代表制は、2つの代表機関に役割を分担させることによってこの2つの機能を両立させようとしたものと考えられます。すなわち、首長には、分裂しがちな住民意思を統合し、必要な政策を積極的に推進するという「**統合型デモクラシー**」（リーダーシップ型デモクラシー）を期待し、主として統治機能の発揮を期待しています。これに対し議会には、多様な住民意思をきめ細かく反映させ、公開の場における討議によって合意形成を図るという「**熟議型デモクラシー**」（Deliberative Democracy）を期待し（篠原2004、江藤2004：131-157）、主として代表機能の発揮を期待しています。そして、この異なるタイプのデモクラシーが「車の両輪」として補完し合うことによって、全体として民主的かつ効果的な自治体運営を

実現しようとしていると考えられるのです（大森
2002：99-105 参照）。

　このように考えると、首長と議会は、次のような点
に努力する必要があるでしょう。

　首長は、住民全体の意思がどこにあるかを見極め、
その期待に添って積極的な政策展開に向けてリーダー
シップを発揮するとともに、その結果には自ら責任を
とる姿勢が重要です。一方で議会は、少数意見を含め
て多様な意見が議会の場に伝えられるよう配慮すると
ともに、議員同士が公開の場で議論し、十分な討議に
よってひとつの結論が形成されるよう努力することが
重要です[1]。少数意見を軽視したり、事前の根回しに
よって議会の場での真剣な討論を避けるようでは、自
己否定になってしまいます。

実態は「1.5 元代表制」―議会は「受け身の権力機関」

　このように議会はかなり強い権限を保障されていま
すが、実際に議会がこうした権限を積極的に活用して
いるかといえば、そうではありません。たとえば条例
制定権については、議員提案条例はごく例外的です
し、予算案についても、議員側から新しい事業や修正
案を提案することは多くありません。

　しかし、首長提案の議案の可否を判断するという受
け身の形では、実際にも大きな影響力を発揮していま
す。首長が新しい施策や改革を行おうとすると、ほと

---

[1]　ポルスビー 2001 は、議会を、市民からの様々な要求を法案の形
　　に流し込み法律に変換する「変換型」と、争点・相違点を明確
　　にして自らの党派の優越を主張する「闘技場（アリーナ）型」
　　に分類しています。この区分によると、日本の自治体議会は
　　「闘技場型」であることがより求められているといえるでしょ
　　う。

んどの場合に議会の議決が必要になります。いかに首長側が住民や関係者の意見を聴きながら苦労して政策案をまとめても、最後に議会が否決という形でひっくり返すことができます。そこで、首長側はあらかじめ議会の意向を探り、可決されるような内容にして提案するのが通常です。そのため、正式な否決や修正は少ないのですが、原案自体に議会側の意向が反映していることが多く、議会の意向は政策内容に大きな影響を与えているのです。

その意味で、議会は最後に待ち構える関門（門番＝ゲートキーパー）といえます。最近の政治学では、政策（立法的現状）を変更するために、同意を必要とする個人もしくは集合的なアクターのことを「**拒否権プレイヤー**」（Veto Players）と呼んで注目していますが（ツェベリス 2009：2）、地方議会はまさに拒否権プレイヤーとして「君臨」していると考えられます。

もっとも、この「権力」にはいくつかの限界があります。

第1に、制度上の権限を持っているのは合議体としての議会であり、意思決定に時間と手間を要します。議会活動の単位は会派ですが、会派は相互に競い合う立場ですから、会派間の合意形成は容易ではありませんし、会派内でも議員同士がライバル関係にある場合もあります。首長と比較して、議会の意思形成は容易ではありません（第8章2参照）。

第2に、議会が能動的に「提案する力」を発揮することは容易ではありません。ある政策や改革を否定する場合は問題点を指摘すればよいのですが、それらを提案する場合には相当の知識と理論武装が必要になります。そのため、議会は楽な選択肢である現状維持に

傾きやすく、その意味で「保守的」な機関になりがちです（砂原 2011：19、54 参照）。

第3に、多くの議員は政策や行政の知識・経験に乏しく、事務局も議員の政策形成を十分に支えられる体制になっていません。多くの議員は、よく言えば市民感覚で、悪く言えば思いつきで質問していますが、執行機関側は議員を立てて丁寧に答弁するため、議員側の体面やプライドは保たれ、本格的な学習や調査を迫られることはあまりありません。「受け身の権力機関」の気楽さというと、言いすぎでしょうか。

以上のように、現状の自治体議会は、能動的・主体的に合意を形成し、政策をつくり出す力は発揮していません。それでは一人前の代表機関とはいいづらく、その意味で、現状の自治体は残念ながら「1.5 元代表制」にとどまっていると考えられます[2]。

議会の役割は何か—代表機能、政策形成機能、行政監視機能

では、議会は議事機関とされていますが（憲法 93 条 1 項）[3]、その議事を通じてどのような機能を発揮することが求められているのでしょうか。一般に議会の

---

[2] 二元代表制の問題点を指摘して、議会が執行機関を選任する議院内閣制的な制度への転換を主張する意見もあります（後 2006、同 2007、石田 2009）。確かにこうした一元代表制では議会の権限は拡大しますが、憲法 93 条の改正を要するほか、①執行機関の長のリーダーシップが弱まる、②1 度の首長選挙で自治体運営が大きく変わるというダイナミズムが失われる、③住民の自治体政治への関心が低下するなど問題点が多いため、私は二元代表制を維持しつつ、議会の役割の拡大などによってうまく機能させることが重要だと考えています（礒崎 2016 参照）。

[3] 全国町村議会議長会編 2015：10 は、国会のように立法機関とせず議事機関としたのは「議会は条例の制定、改廃にとどまらず、ひろく行財政全般にわたる具体的事務の処理についても、意思決定機関としての権能を持つからである」と解説しています。

機能は、①代表機能、②政策形成機能、③行政監視機能の3つと考えられています[4]。

第1の**代表機能**とは、住民の多様な意見や利益を代表する役割です。いわば地域社会と自治体のパイプ役としての役割が期待されているのです。もっとも、単なるパイプ役ではなく、住民の意見や利益を反映させて政策形成や行政監視につなげることが大切です。それらにつながらない形態は、国に対する意見書の採択などに限られます。その意味では、この機能は第2、第3の機能の基礎になるものと考えられます。

第2の**政策形成機能**とは、地域の課題を解決するための対応案（政策案）を検討し、条例、予算、計画などの形で決定する役割です。もちろん政策形成といっても、最初から最後まで議会が担うことが想定されているわけではありません。政策過程は、一般に①課題設定→②立案→③決定→④執行→⑤評価の5段階に分けられますが、このうち特に議会・議員に期待されるのは、①課題設定、③決定、⑤評価の3つであり、さらに可能な場合には②立案も期待されています。議会の政策形成というと議員提案条例の制定が注目されがちですが、それは②立案の役割であり、それだけが政策形成機能ではないことに注意する必要があります。

第3の**行政監視機能**とは、首長や各行政委員会など執行機関の活動を監視し、その適正を確保するととも

---

[4]　総務省では、議会の機能について、①団体意思決定機能、②監視機能、③政策形成機能の3つに整理しています（地方議会に関する研究会 2015：4-6、地方制度調査会 2016：19）。しかし団体意思の決定は、同時に行政監視または政策形成の意味を有しており、これらから独立した団体意思決定機能を想定することは難しいと思われます。本書では別に「代表機能」を設定し、他の2つの機能の基盤になるものと考えるとともに、意見書の議決などは「代表機能」の表れと考えたいと思います。

に、その権限行使を牽制する役割です。そのため、議会には検査権・監査請求権や調査権が与えられていますし、特別職の任命に対する同意権、一定の契約等に対する議決権や、首長の不信任議決権も有しています。この機能については、首長を支持するいわゆる「与党」が議会の多数を占める場合には「なれ合い」になりがちであることや、事前の根回しや非公式の調整によって十分に発揮されない可能性があることに注意する必要があります。

議会は政策形成機能に力を入れるべき

これまでの地方議会は、行政監視機能が中心であり、政策形成機能は弱かったといえます。今後は、多様な住民意思に根ざして自ら政策形成機能を発揮できるよう、議会審議のあり方を見直し、議員の意識を転換するとともに、これに必要な事務局体制を整えることが重要になっています（佐藤・八木編著 1998：13-15（佐藤）、大森 2009：202 ほか）。

こうした「**政策機能強化論**」に対して、議会はまず行政監視機能に力を入れるべきだという「**監視機能優先論**」も少なくありません。その理由ですが、議会には予算の編成権が認められていないことや、議会事務

5　たとえば新藤 2013：53-55 は、「議会は立法能力を向上させるべきだ、議員立法として条例の成立を図るべきだ、という議論は『正当』であっても、一種の『机上の空論』となりがち」だと指摘し、「議会・議員の役割は、何よりも自治体なる限られた空間における行政活動を、生活者の観点からチェックすることだ」としています。また竹下 2010：214 は、「現在の議会の実態からいえば、全分野にわたる総合的な政策立案をするのは無理である。議会がどれほど頑張ったとしても、補足的な政策立案しかできないという限界がある」と指摘し、「いまの議会に必要なのは、行政機関から提出される議案のチェックのほうだということになろう」としています。

局など補助スタッフが十分でないことが挙げられています（佐藤・八木編著 1998：34（野村稔）、新藤 2013：44-51）[5]。

しかし、このような消極論（監視機能優先論）には、次のような疑問があります。

第1に、議会には条例制定権、予算議決権、その他の議決権（条例に基づく議決事項を含む）、調査権・検査権など、広範な権限が与えられています。首長と議会の制度上の権限を比較すると、首長にやや手厚い配分がなされているかもしれませんが、議会も重要な権限を与えられており、その差は大きなものではありません（江藤 2011：51-54 も同旨）。

確かに予算提案権が首長の専権事項とされている点は制約ですが、逆にいえば決定権は議会が有しています。物事を決める際に、提案できる人と決定できる人のどちらが「強い」でしょうか。制度的には議会は自ら望む予算案が提出されるまで否決し続けることも可能ですし、増額を含めて修正することも可能です（97条2項、第6章4参照）。決定権者の方がより大きな権限と責任を有していると考えられます。

第2に、住民が選挙を通じて議員に託しているのは、地域の問題を解決してよりよい地域をつくるという能動的な役割であり、行政監視のような受け身の役割ではないと思われます[6]。もし議会の役割が行政監視にとどまるのであれば、全人格的な選抜方法である選挙ではなく、監視能力の高さを評価する選抜方法に

---

[6] 橋下 2010 も、「そもそも、進むべき大方針を定め、"利害が激しく対立すること"を決断するのが政治家の役割。しかし今の議会は、二元代表制の下で首長に対するチェックに軸足を置くにとどまっている」と指摘し、首長が議員の一部を「内閣構成員」として政治任用するという「議会内閣制」を提案しています。

変える必要があります。また都道府県や政令市のように、専業を可能にするような報酬を保障する必要はないと思われます。

第3に、行政監視機能といっても、監査委員や外部監査人のように執行機関の違法や不適正を指摘するだけでなく、政策判断の適否を問い、代替案を示し、修正を求める政策的な監視でなければなりません。代替案もないままに執行機関提出の議案を点検しても、思いつきの質問や重箱の隅をつつくような指摘になり、有効な監視にはなりません[7]。その意味で、政策形成と行政監視は相互補完の関係にあります。

首長など執行機関にとって議会はやっかいな存在です。でも、政策的な代替案を示せない議会は、うるさい管理人ではあっても、手ごわいライバルではありません。二元代表制を機能させるためにも、議会が政策形成機能を発揮することが重要なのです。

ポピュリズム政治にどう向き合うか

議会の機能に関連して、ポピュリズム政治にどう向き合うかという問題があります。ここでポピュリズムとは、「問題を単純化し、大衆の感情に訴えて目的を達成しようとする政治スタイル」と考えられます。ポピュリズムの意味はあいまいですが、一般的には大衆迎合の政治、国民の多数意思を利用して目的を実現する政治といった批判的なニュアンスで使われています。しかし、民主政治において国民の多数意思に忠実であることは当然ですから、問題の単純化や大衆の感

[7] 全国町村議会議長会2015：335 も、「議員の心構え」として「批判や攻撃は、必ずこれに代わるべき代案をもっていなければならない。執行機関の案が悪いのであれば、それに対する実現性のある具体案を持たなければならない。」と指摘する。

情への働きかけという手段に問題があると考えるべきでしょう（吉田 2011、水島 2016 参照）。特に人口減少社会では、直面する問題が複雑になりますし、人々が閉塞感を抱きがちですので、これらを一挙に解決できるかのような幻想をふりまくポピュリズムが受け入れられる余地が広がります。

　自治体では、ポピュリズム政治家が首長に当選し、自らの政策や改革を強権的に進めることが考えられます。これに対して、議会は行政監視機能を発揮して修正させる必要があります。また議会にそうした政治家や政党が登場した場合には、熟議を通じてその問題点を明らかにすべきでしょう。

③ 議会改革の方向性 ―「行動する政策機関」へ

政策形成型議会と協働型議会をめざすべき

　それでは、今後の議会はどういう方向に進むべきでしょうか[8]。次の２つの方向が基本になると考えられます。

　ひとつは、**政策形成型の議会**に転換することです。現状では、首長が提出する議案について執行機関に質問し、承認するか否かを決めるという「受け身の権力機関」であり、**諮問型の議会**になっています。今後は、地域の課題解決に向けて自ら政策を立案し、あるいは執行機関の政策案に対して代替案を提示して、よりよい政策に仕上げるという政策形成型の議会に切り

---

[8] 江藤 2004（特に 37-51）は、政策立案機能と監視機能を強化した議会を「監視型議会」とし、住民参加など開かれた議会を「アクティブ型議会」とし、その両面をあわせ持つ議会を「協働型議会」と呼んで、めざすべき議会像としています。

換えていく必要があります。本書は、まさにこうした転換のために議員が何をなすべきかを検討しようとするものです。

もう一つは、**協働型の議会**に転換することです。現状では、議員は執行機関から提出された資料を読んで議員仲間だけで議論したり、住民に開かれていない場所で根回しをして議場に臨むという**閉鎖型の議会**になっています。問題は現場にあるはずですから、今後は庁舎を出て現場を調査し、関係者や住民の意見や説明を聞くことが重要です。また、住民に公開された場で意見をたたかわせるとともに、決定について住民への説明責任を果たすことが重要です。こうしたタイプの議会を「協働型議会」と呼ぶことができるでしょう。

こうした改革を進めるには、**議会の行動原理や文化を変える**ことが重要です。議会で新しい取組みをしようとすると、「法律や議会運営規則に規定がないからできない」「先例がないから認められない」という説明にぶつかることが多いようです[9]。「現行の議会運営は、あまりにも瑣末な規則にとらわれ、それ自体が悪しき官僚制化している」と指摘されるとおり（大森2002：114）、議会は悪しき**規則主義・前例主義**に縛られているといえそうです。

この背景には、国の立法担当者や議会関係者の中に、議会運営を自由にすると何をするかわからない、議員がいろんなことを主張すると円滑な運営ができな

---

[9] 神原ほか2014：8（神原発言）も、「事務局もふくめて議会のなかには、法律が明文で禁止していないことは自由にできるとはいっても、情けないことになかなか一歩が踏み出せない。だから法に明文の規定があれば安心して行うことができる」と指摘する。

いという不信や思惑があったように思いますが、議会の存在意義が問われている現在、そんなことを気にしている余裕はありません。今後は「禁止されていなければ実施できる」「規定がなければつくればよい」という発想で、議会活動の幅を広げることが求められています。

こうした改革によって、議会を「受け身の権力機関」から「**行動する政策機関**」（本書でいう**政策に強い議会**）に変える必要があるのです。

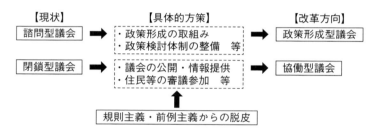

図表1-2　「行動する政策機関」への改革方向

政策の見方・つくり方を学ぶ〈総論〉

１　政策とは何か—政策の意味[10]

政策（公共政策）とは何か

　社会には様々な問題が生じますので、国や自治体など公的な機関には、これを解決するために様々な活動を行うことが求められます。こうした活動を効果的に実施するには、そのための方針が必要になります。このような活動の方針が「政策」です。たとえば、工場や自動車による大気汚染が進むと、住民の健康や生命を脅かすため、それを規制する政策をつくって、法律や条例に基づいて排出行為を規制することになります。

　このように**政策（公共政策、Public Policy）とは、「公共的課題を解決するために社会に働きかける活動の方針であって、目的・手段のセットをなすもの」**と考えられます。広い意味での「政策」には民間企業の活動方針も含まれるため、「公共政策」と呼んでこれと区別する場合もありますが、本書では単に「政策」と呼んでおきたいと思います。

　この定義のポイントは、3つあります。

　1つ目は、政策は「公共的な課題」を解決するためにつくられるものだということです。社会には様々な問題が生じますが、これが「公共的な課題」すなわち

---

[10] 本章の1と2の記述については、森田 2017：143-155、礒崎・金井・伊藤 2014：第8章（礒崎）を参照。

社会の構成員みんなの利益にかかわる問題であること
が必要です。近隣の境界紛争など私人間の問題であれ
ば、当事者の話し合いや民事訴訟に委ねるべきであ
り、政策の対象にはなりません。

2つ目は、政策は「社会に働きかける活動の方針」
だということです。この活動は、国や自治体などの公
的機関の活動が中心になりますが、第三セクターや市
民団体の活動も含まれます。政策とはこうした活動の
方針（計画、案）であり、それに基づいて実際に行わ
れる活動は、政策の執行ということになります。

3つ目は、政策とは「目的と手段のセット」だとい
うことです。自治体の日々の活動の方針には目的が明
示されていないものがありますし、目的や目標ばかり
でそれを実現するための手段を示していないスローガ
ン的なものもあります。そうしたものは政策としては
不十分あるいは未完成ということになります。

政策の「体系性」─政策・施策・事業の違いは？

ひと口に「政策」といっても、対象としている活動
の範囲やレベルによって、包括的な政策から具体的な
政策まで様々なものがあります。そしてそれらは、あ
る包括的な「政策」を採用した場合に、それを実現す
るためにより具体的な「政策」が必要になるというよ
うに、**目的と手段の連鎖によるツリー構造**になってい
ます。

そこで「政策」（広義）については、さらに政策
（Policy）－施策（Program）－事業（Project）の３層
に区分するのが通常です。狭義の「**政策**」とは、ある
分野や課題の全体に対応する抽象的な方針のことであ
り、「**施策**」とは、政策を実現するために必要となる

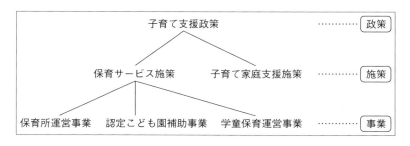

図表 2-1　政策のツリー構造（子育て支援政策の場合）

中間的な方針であり、「事業」とは、施策を実現するために行う活動を定めた具体的な方針のことを指します。たとえば、近年は子育て支援の強化が求められていますが、「子育て支援政策」は全体を包括する「政策」ですが、これを進めるには「保育サービス施策」などの施策が必要になりますし、さらに保育サービスを推進するには「保育所運営事業」などの事業が必要になります（図表 2-1 参照）。実際に担当課が日々実施しているのは事業レベルであり、総合計画等では施策レベルのことが書いてあると考えられます。

議会でも、「もっと子育て支援策を充実させるべきだ」といっても、どのレベルのことを指しているのか明確にしないと政策論としては成り立ちませんので、注意が必要です。

政策の構成要素―政策には何を定めるべきか

それでは、政策（施策・事業レベル）にはどのような事項が定められているのでしょうか、あるいは定めるべきなのでしょうか。

① **目的**（何のために）

目的とは、活動の目標を示し、その方向性を指示するものです。たとえば子ども・子育て支援法（2012

年制定）には、目的として「一人一人の子どもが健や
かに成長することができる社会の実現」に寄与するこ
とが定められているため（1条）、これがこの法律が
定めている政策の目的ということになります。

②　**執行主体**（誰が）

　執行主体は、誰がこの活動を行うかという活動の主
体を特定するもので、行政機関のほか民間企業や
NPOを指定することもあります。これらが権限を行
使する場合も、義務を負う場合もあります。たとえば
子ども・子育て支援法では、市町村が子ども・子育て
支援給付等を総合的かつ計画的に行うこととされてい
ますので（3条1項ほか）、主たる執行主体は市町村
になります。

③　**対象**（誰に、何に）

　対象は、活動が行われる相手方（客体）を特定する
もので、個人や組織を特定したり、行為を特定した
り、地域的な範囲を特定したりします。たとえば子ど
も・子育て支援法では、主として「子ども及びその保
護者」に対して支援事業を実施することが定められて
いますので（3条ほか）、それらが政策の対象になり
ます。

④　**執行手段**（どういう手段で）

　執行手段は、活動の手段・方法を特定するもので、
課題解決のために社会に働きかける際の手段・方法を
指します。たとえば子ども・子育て支援法では、「子
ども・子育て支援給付及び地域子ども・子育て支援事
業」や「教育及び保育」などを実施することとされて
いるため（3条ほか）、法律上は包括的ですが、これ
らが執行手段を示していることになります。

⑤　**執行基準**（どういう基準・手続で）

　執行基準は、活動の際に依拠すべき基準や手続のことです。執行手段が許認可であれば許認可の基準と手続が、補助金であれば補助金交付の基準と手続がこれに該当します。たとえば子ども・子育て支援法では、現金給付については児童手当法によることとされていますし（9条）、教育・保育給付についてはその種類（11条）、支給要件（19条）、認定手続（20条）などが定められており、これらが執行基準といえるでしょう。

2　政策の形式と権限関係

政策の形式を意識しよう

　政策は公共的課題に対する活動の方針ですが、その方針の決め方には、いくつかの形式があります。主なものとして、次の4つを押さえておきましょう。

①　**計画（自治体計画）**＝計画的な行政活動を行うため、一定の期間（計画期間）における政策実施の目標と手段を定める文書。執行機関はこれを実現する責務を負うが、法的拘束力はない。このうち**総合計画**は主たる行政分野の施策事業を網羅的に定める計画で、「政策の束」といえる。これに対して、都市、福祉、産業、教育などの**分野別基本計画**があり、法律に基づく**法定計画**とそれ以外の**独自計画**に分けられる。

②　**予算**＝一会計年度における施策・事業を裏づける歳入と歳出の見積り。歳出についてはここに根拠が

なければ支出できないという意味で法的拘束力を有する。年度当初に定められる**当初予算**と、年度途中に定められる**補正予算**がある。1年間の財政支出を伴う事業がすべて掲げられる「政策の束」である。

③ **条例**＝自治体の議会が定める法規範であり、住民の行動を規制したり、自治体の組織や運営を拘束するルール。法律に基づく**法定事務条例**（委任条例と執行条例）と、自治体の判断で定める**自主条例**（**独自条例**）に分けられる。住民の権利を制限し義務を課すには、条例を定める必要がある（14条2項）。これに対して**規則**は、首長が定める法規範で補助的な役割を持つ。

④ **要綱・要領**＝執行機関が事務事業を実施するための準則として定める基準や手続。いろいろな名称・性格のものがあるが、主として、1）自治体の独自の対応を定める**行政指導要綱**（開発指導要綱など）、2）法令に基づく事務を執行するための**事務処理要領**（審査基準、事務処理要項など）、3）予算事業を執行するための**給付要綱**（補助金交付要綱、施設管理要領など）に分けられる。これ自体は外部的な拘束力を有しない。国が定める要綱等と自治体が定める要綱等があるし、法令に基づく要綱等と基づかない要綱等に分けられる。

①の計画のうち、総合計画はすべての行政分野を広くカバーする点で重要ですが（法律上、策定義務はありません）、分野別基本計画も重要な役割を果たしています。従来は「行政計画」と呼ばれてきましたが、最近は議会の議決を経る計画も多いため、「自治体計画」と呼ぶべきでしょう（神原・大矢野編著2015：

317（神原）参照）。計画に施策や事業が記載されれ
ば、執行機関はその実現に努力する責務があります
が、財政支出が必要なら予算が、規制が必要なら条例
などの法令が必要になりますので、計画に記載された
だけでは直接的な効果はありません。特に幅広い事項
を定める総合計画は「絵に描いた餅」になりがちで
す。

　②の予算のうち、歳入は、実際にどれだけの収入が
あるかわからないため単なる見込みですが、歳出は、
ここに根拠がなければ支出できません。多くの事務事
業には経費（財政支出）が必要ですので、政策は予算
を通じて具体化するといっても過言ではありません。

　③の条例の中には、法定事務条例が多いのですが、
最近では自主条例も増えています。分権改革の前後か
ら「政策法務」が注目されているのは、このためで
す。条例には**基本条例**や**理念条例**も多いのですが、具
体的な事務事業を定める**規制条例**や**給付条例**もありま
す。

　④の要綱・要領には、様々なものがありますが、
１）の行政指導要綱はそれ自体がひとつの政策を定め
るものであり、法的拘束力はありませんが、開発指導
要綱などは規制的な行政指導の根拠として重視されて
きました。議会は行き過ぎがないか注視するととも
に、必要により条例化するよう働きかける必要があり
ます。これに対して、２）の事務処理要項と３）の給
付要綱は、政策の執行のために具体的な基準や手続を
定めるもので、実務では重要な意味を持っていますの
で、議会が行政監視を行ううえで注目する必要があり
ます。

4 つの政策形式の関係と権限分担

　では、以上４つの形式はどのような関係に立つのでしょうか。

　図表2-2のとおり、まず計画のうち**総合計画**はすべての分野を横断しており、自治体の政策展開の基本になり、これを受けて**分野別基本計画**が定められています。計画に掲げられた事務事業のうち財政支出を必要とする場合は、毎年度の**予算**に掲げられて執行されます。これに対して、住民や事業者の活動を規制する必要がある場合は、（すでに法律がある場合を除いて）**条例**に定められて執行されます。大まかにいえば、サービス行政（給付行政）は予算に基づいて、規制行政は法律と条例に基づいて実施されるといえます。そして、これらを実施するために取扱いの細部を定めたものが、要綱・要領です。

　これらについて、首長と議会の権限はどうなっているのでしょうか。

　図表2-3のとおり、まず計画は、立案権も決定権も執行機関にあります。もっとも、最近は**議決事件条例**（96条2項）を定めて総合計画や分野別基本計画の策定を議決事件とする自治体が増えており、そうした自治体では議会が決定権を有しています（詳細は第6章4参照）。それ以外の自治体でも、少なくとも総合計画については事前に議会に計画案を提示して、議員の意見を聴いている場合が多いと思われます。ただし、議会が関与するということは、その内容について議会も責任を負うという自覚が必要です。

　次に予算については、提案権は首長、議決権は議会にあります。この議決権には修正権（増額・減額）も含まれますので（詳細は第6章5参照）、議会は首長

の原案を基本としつつも、最適と考える予算に仕上げる権限と責任があります。

さらに条例については、提案権は首長と議員の両方にあり（ほかに住民の直接請求による提案もある）、議決権は議会にあります。首長提案の条例についても

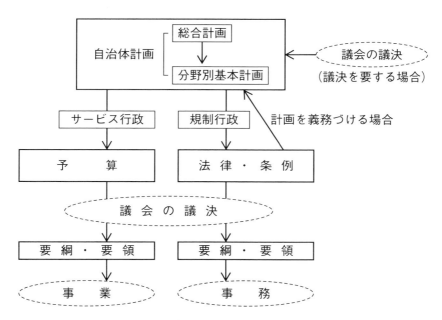

図表 2-2　自治体の政策形式の相互関係

図表 2-3　政策形式ごとの権限分担

区　分	自治体計画		予　算		条　例		要綱・要領	
	提案	決定	提案	決定	提案	決定	提案	決定
首長・執行機関	○	○	◎	×	○	×	◎	◎
議会	△ 条例あるとき	△ 条例あるとき	×	◎ 修正も可能	○	◎	×	×

注：◎＝権限を専有、○＝権限を併有、△＝場合により権限あり、×＝権限なし、を示す。なお、長には専決処分権（179条1項）が認められているが、例外的な措置のため、ここでは含めていない。

修正が可能です。住民の直接請求の場合も、制定の可否を決めるのは議会です。

最後に要綱・要領は、立案も決定も執行機関の権限です。というより、執行機関が議会の議決を要しない範囲で臨機応変に定めるのが要綱・要領ですから、当然、執行機関の権限となります。しかし議会は、実質的に住民の権利を制限するような行政指導要綱は条例化するよう求める必要がありますし、行政監視の一環として事務処理要領や給付要網の内容が適切か、点検していく必要があります。

議会は、以上の権限分担を意識して、政策への関与を強めることが要請されています。

③ 政策の評価―すぐれた政策とは何か

政策をつくる以上、すぐれた政策をつくりたいものです。また、政策の良し悪しを議論するためにも、すぐれた条例とは何かという尺度がなければなりません。これが政策評価の基準です。

政策評価の基準にはいろいろなものがありますが、私は、国の政策評価の基準を参考にしつつ[11]、自治体の政策評価の一般的基準として、必要性、有効性、効率性、公平性、適法性の5つを推奨したいと思います（図表 2-4 参照）[12]。

① 必要性

必要性とは、解決しようとする課題に照らしてそもそも政策が必要かどうかを問う基準です。政策を実施

---

[11] 政策評価各府省連絡会議 2001：第 2-2 によると、国の政策評価は、必要性、効率性、有効性を基本とし、政策の性質によっては公平性の観点があり、さらにこれらの評価を踏まえた優先性の観点があるとされています。

するには通常、コスト（費用）を要しますので、必要性が乏しければ政策を導入する必要はありません。地域にある課題があったとしても、個人的な話し合いや町内会の取組みなど他の手段で解決できるなら、政策は必要ありません。たとえば子育て支援の政策の場合、そもそも子育てが家庭や地域社会で行われていて、公的支援が求められていないとすれば、必要性が乏しいということになります。

② **有効性**

有効性とは、その政策が目的の実現にどこまで寄与するか、課題解決にどの程度役立つかを問う基準です。政策は、ある公共的課題の解決のためにつくるものであり、課題解決に役立たなければ意味がありませんので、有効性は重要です。たとえば、子育て支援のために、保育士に就職奨励金を給付するという政策を考えたと仮定すると、それによって保育士や保育所の入所定員を何人増やせるかが、有効性の問題になります。

この有効性は計量的に評価することが望ましいのですが、政策の効果や価値を定量的に評価することが難しい場合が少なくありません。たとえば、少子化対策のためにある施策を導入した場合に、それによって出生率の回復につながったか、因果関係を把握することは難しいですし、出生率の回復がどれだけの価値を有するかについて、計量的に把握することは困難です。

---

[12] 私は、これらのほかに「協働性」という基準を提案しています。協働性とは、政策の中で住民やNPO等の参加や協力をどこまで組み込み、尊重しているかを問う基準です（礒崎2012：102参照）。ただ、政策の内容によってはこの要素を組み込むことが難しいため、本書では政策共通の基準としてこの5点に絞って説明します。

このような場合、何らかの代替的な指標を設定して、その変化を検証することが考えられます。時系列での比較、自治体間の比較、住民アンケート結果の変化などの指標を把握して、できるだけ客観的に評価できるよう工夫することが重要です。たとえば、出生率の変化を近隣の自治体と比較したり、利用者アンケートで子育て支援策への満足度を調査することが考えられます。

③　効率性

効率性とは、その政策を実施するためにどの程度のコスト（費用）を要するか、同じ目的を実現するのにより少ないコストで済む手段はないかを問う基準です。いくら課題解決に役立つとしても、施行のためのコストが膨大では、すぐれた政策とはいえません。

このコストの中にも、執行機関における内部的コストと、住民や地域社会に生じる外部的コストがあります。**内部的コスト**には、担当職員の人件費、補助金等の給付費、広報費、事務費などが挙げられます。**外部的コスト**には、規制政策の場合が中心ですが、住民や企業が規制を遵守するために必要となる施設整備等の費用や、これらが地域経済に与える悪影響などが挙げられます。

効率性は、他の基準と比較すると計量的に評価しやすいといえます。特に内部的コストは、金額（貨幣価値）で把握することができるでしょう。たとえば前述の保育士への就職奨励金については、奨励金の支出のほか、周知の費用や担当職員の人件費が内部的コストになりますが、これらは予算の形で予測し、決算の形で事後的に把握できます。

④　公平性

　公平性とは、政策による効果やコストが公平に配分されているか、平等な取扱いが行われているかを問う基準です。政策は公共的な活動の方針ですので、目的を実現できればよいのではなく、その手段が住民や関係者にとって公平であることが必要です。この評価は定性的なものになります。たとえば保育士への就職奨励金の場合に、特定の保育士のみに過大な利益を与えることにならないか、既存の保育士や類似の職種との間に不公平はないかなどの点を検討する必要があるでしょう。

⑤　適法性

　適法性とは、その政策が違法にならないかを問う基準です。政策の内容がいかにすぐれていても、違法になっては維持できませんので、最低限の条件といえます。特に規制政策の場合は、住民や事業者の権利制限になることが多いため、憲法や法律に抵触しないか、注意が必要です（第5章参照）。これも定性的な評価になります。

⑥　総合的評価のイメージ

　以上のうち、①必要性と⑤適法性は、これが認められなければ政策として存続できないという意味で、「政策の基礎的条件」といえます。これに対して、②有効性と③効率性と④公平性は、すぐれた政策とそうでない政策を選り分ける基準であり、「よりよい政策の条件」といえます（図表2-4参照）。

　では、以上の評価をどう総合すればよいでしょうか。前述のとおり評価結果には定性的なものが多く、1つの尺度で合計点を出すようなことはできないため、それぞれの基準ごとに検討し、「A案は有効性で

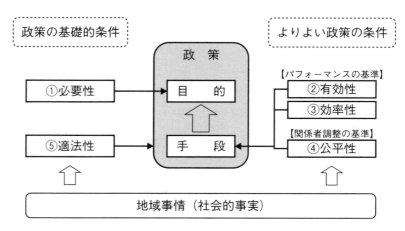

図表 2-4　政策評価の基準

はすぐれているが、効率性では劣っている」というように評価する必要があります。結論を出すというよりも、それぞれの政策案の長所（強み）と短所（弱み）を把握することが重要なのです。

　たとえば、いくつかの政策案（選択肢）について5つの基準ごとに評価を行い、◎、○、△、×といった簡易な評価を行ったり、仮にそれぞれ5点満点で評価して総合点を算出したりすることが考えられます（第4章・図表4-2参照）。

　特に政策実施前の「事前評価」の場合は、結果が出ていないため、各政策を実施したらどういう結果が出るかを予測（シミュレーション）して評価し、どの政策案を採用するかを決定する必要があります。これに対して、政策実施後の「事後評価」の場合は、執行の結果を把握して、より正確に評価することができますので、それを踏まえて政策の見直しを行うことになります（第7章3参照）。

4 政策づくりのポイント―成功の秘訣とは

　この評価基準を踏まえて、政策をつくる際に留意すべき要点を挙げておきましょう。

① 効果と費用のバランスを考える

　政策は、公共的課題を解決するための活動の方針ですから、これによってどのくらい課題を解決できるかという「有効性」が重要になります。しかし、いくら課題解決につながるとしても、費用がかかりすぎて「効率性」が低いのでは、よい政策とはいえません。そしてこの２つは、あちらを立てればこちらが立たずという「トレードオフ」の関係にあることが多いため、政策選択の際にはセットで検討する必要があります。

　効果と費用を同じ貨幣価値で評価できれば、「**費用対効果**」（いわゆるコスパ）という形で総合評価が可能ですが（公共事業では実施例が多い）、政策の効果を数値で表すことは難しいし、費用も外部的コストまで数値で把握することは困難です。そのため、前述のとおり「Ａ案は有効性ではすぐれているが、効率性では劣っている」といったそれぞれの評価にならざるを得ないと考えられます。それでもセットで検討すると総合評価の軸になります。

② 政策手法と政策資源を考える

　政策は「活動の方針」ですが、その「活動」とは何らかの形で社会に働きかけることです。その働きかける方法が**政策手法**です。政策づくりにあたっては課題の特徴や地域の実情に合った政策手法を選択することが重要です（第４章２参照）。

　また政策手法の選択にあたっては、どういう政策資

源をどれだけ使えるかを考えておくことが重要です。**政策資源**（Policy Resource）とは、政策の執行に必要となる資源であり、主として権限、財源、人材、情報が挙げられます。これらの政策資源は（情報を除いて）有限ですので、政策選択の際にどれだけの資源を利用できるかを考えるとともに、必要以上に「消費」しないよう配慮する必要があります。

③ **インセンティブを考える**

政策を立案する際にもうひとつ重要なのは、関係者のインセンティブを考慮し、それを生かせる政策手法を考えるということです。**インセンティブ**（誘因）とは、行為者が自発的にある行動を選択するような利益あるいは要因のことであり、これをどう組み込むかが政策づくりのポイントになります。たとえば環境政策では、規制的手法だけでなく、環境税、排出権取引など経済的なインセンティブを活用する手法が重要になっています。

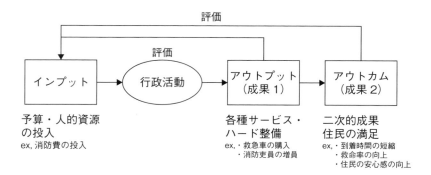

図表2-5 政策執行の流れ（アウトプットとアウトカム）
出典：桑原英明・増田正編著『自治体行政評価の基礎』創開出版、2003、102頁（永田尚三執筆）を一部改変

④ 政策の「成果」を考える―アウトプットとアウトカム

　前述のように、政策論では政策の成果を考えることが重要ですが、「成果」といっても２つの種類があることに注意する必要があります。政策分析では、政策に基づいて予算や人員などの政策資源を投入することを**インプット**といいますが、これによって生じた施設の整備や組織の増強などの直接的な成果（行政側の変化）を**アウトプット**といい、さらにそれによって生じた問題の解決や社会の改善などの２次的な成果（地域社会の変化）を**アウトカム**といいます（図表2-5参照）。

　実務では、「成果」というと、どれだけの施設をつくったかといったアウトプットを強調することが多いのですが、住民にとって重要なのは、政策の結果として地域がよくなったかというアウトカムです。もっとも、アウトカムには他の要因も作用するため評価が難しい面がありますし、政策－施策－事業の区分でいえば、事業レベルではなく、政策や施策のレベルで評価する必要があります。また、長期的な評価が必要になりますので、日頃からアウトカムを示す指標を収集しておいて、ある政策・施策を実施したときにどう改善したかを検証することが重要です。

5 政策の５段階プロセス ―政策をどうつくるか

政策過程の５段階とは何か

　それでは、政策はどのようなプロセスでつくられ、実現されていくのでしょうか。本書では５段階で把握

する考え方を採用します[13]。もちろん、実際の政策過程はこの順番で秩序正しく進むわけではありませんが、考える際の基礎としては有効と考えられます。

① **課題設定**（Agenda-setting）

政策をつくるには、まず地域に生じた問題を公共的な課題として認識し、検討を開始することが必要です。社会に問題が生じれば、行政は対応策を検討するものだと考えがちですが、社会で生じる問題は多数かつ複雑なため「やり過ごす」こともできますし、どういう問題かは捉え方によって異なります。そこに、主体的な判断が行われているわけです。

② **立案**（Planning）

次に、課題を解決するための活動の方針（案）を検討し、利害得失（メリット・デメリット）を検討してひとつの案に絞る作業が必要になります。この段階も、さらに基本設計と詳細設計の2段階に分けられます。基本設計とは、政策案の基本的な事項を検討する作業で、おおむね１で述べた5つの構成要素の要点を検討することといってもよいでしょう。詳細設計とは、基本設計を踏まえて具体的な内容を検討する作業で、構成要素のうち③の対象についてより厳密に検討したり、⑤の執行基準について許可や補助金の基準や金額等を決めたりすることが該当します。

③ **決定**（Decision-making）

さらに、政策案を正式な機関・手続において審議し、自治体の政策として確定させる作業が必要になります。条例や予算であれば議会での審議・議決がこれに

---

[13] ほかに、計画（Plan）－実行（Do）－評価（See）という3段階説や、計画（Plan）－実行（Do）－点検（Check）－行動（Action）という4段階説があります。

当たりますし、計画や要綱・要領であれば首長の決裁や教育委員会の決定がこれに当たります。

④ **執行**（Implementation）

さらに、決定された政策に従って執行主体が実際に活動（働きかけ）を行う段階に移ります。一般に執行活動は、決定された政策を忠実に実行するだけの裁量の余地のない活動と考えられがちですが、実際には政策の内容をどう解釈し事例に当てはめるか、また違反行為等にどう対応するかなど、その進め方は執行機関の考え方や姿勢によって大きく異なります。政策の成功・失敗は執行過程にかかっているといっても大げさではありません。

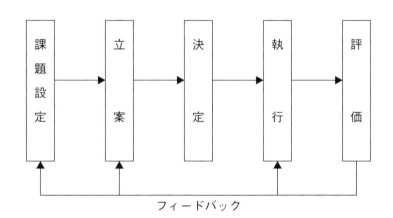

図表 2-6　政策過程の5段階区分

図表 2-7　政策段階ごとの関係主体の役割

主　体	課題設定	立　案	決　定	執　行	評　価
首　長	○	○	○	○	
職員組織	△	◎	×	◎	△自己評価
議　会	○	△条例案	◎	△監視	○第三者評価

注：権限ではなく期待される役割を示した。◎＝主たる役割、○＝一般的な役割、△＝部分的な役割、×＝役割なしを示す。

⑤ **評価**（Evaluation）

　最後に、政策執行の結果を把握して、政策の内容や執行の方法を点検し、評価する作業が必要になります。従来、政策評価は重視されていませんでしたが、1990年代からいくつかの自治体で政策評価に取り組むようになり、2000年代には国でも自治体でも実施するようになりました。そして、この評価段階から立案段階に戻って政策の内容を変更したり、執行段階に戻って執行方法を見直すというように「フィードバック」させることが重要です。このように、政策過程は循環的な**政策サイクル**（Policy Cycle）として捉えることができます。

　また、これらの過程ごとに主たる役割を担うのが誰かを整理すると、図表2-7のとおりです。これをみても、議会は重要な役割を有していることが確認できるでしょう。

　以下では、3章＝課題設定、4章＝立案1（政策的検討）、5章＝立案2（法的検討）、6章＝決定、7章＝執行と評価に分けて、議員が政策づくりにどう取り組むべきか、検討しましょう。

政策課題を把握し設定する〈課題設定〉

1 地域課題の把握―ニーズをどうつかむか

　政策とは公共的課題に対する活動の方針です（第2章1参照）。地域社会にはいろんな問題が生じますが、それが住民共通の課題と認められれば、そして既存の法律・条例や事業では十分な対応ができないと考えられれば、それが政策課題になります。

　課題設定の段階は、「地域の課題を把握する段階」と、「組織課題として設定する段階」に分けることができます。まず前者に関して、議員としてどのような対応をすべきでしょうか。

　第1に、地域住民や支持者から寄せられる相談や陳情から地域の課題をつかむことです。たとえば、保育園に入れなかった、介護保険で低い要介護認定しか受けられなかったといった相談は少なくないと思います。こうした相談に対して、担当課に取り次いで善処を依頼すること（いわゆる口利き）も必要ですが、個別の問題として対応するだけでなく、現在の制度やサービスに問題がないか、調査してみることが重要だと思います。

　第2に、各種の統計データをみて、自らの自治体の課題をつかむことです。たとえば人口あたりの児童福祉施設数など、他の自治体と比較できる資料があれば、自らの自治体の強み・弱みがわかります[14]。また出生率、企業数・就業者数、財政力指数など、当該自治体の時系列による変化を示す資料をみると、改善ま

たは悪化の状況をつかむことができます。行政職員も担当する事務事業については詳しいのですが（いわゆる**執務知識**）、比較可能な客観的情報は意識していないことが多いため、議会の質疑でこうしたデータを活用して指摘すると説得力があるでしょう。

第3に、各種の研修や研究会、学会に参加して、社会的な課題や取組みから課題をつかむことです（第8章1参照）。たとえば議長会が開催する講演会・研修、地域で行われる研究会などに積極的に参加することや、自治体学会などの学会に参加すると、全国で何が課題になっているか把握できますし、情報交換会（懇親会）で仲間を増やすこともできます[15]。

第4に、住民の請願（124条）や陳情の中から課題をつかむことです。この場合は、すでに議会の場に出されていますので、次の「組織課題としての設定」につなげやすいといえます。逆に住民から相談があった場合に、請願を勧め、自ら紹介議員になることも考えられます。

ほかにも、地域の福祉施設や公共施設を訪問して担当職員にヒアリングしたり、各種の審議会や委員会を傍聴してどういう議論が行われているかを把握することも、課題発見の機会になると思います。

---

[14] 行政サービスについては、国の「統計でみる市区町村のすがた」「社会生活統計指標」があり、財政状況については「決算カード」「財政状況資料集」などが提供されています（いずれも総務省HPで入手可能）。

[15] たとえば、自治体実務家が多数参加する自治体学会では、議員研究ネットワークを設けてフォーラム等を開催しています。同学会HP参照。

② 組織課題としての設定
―議会や執行機関を動かす

組織の課題として設定する方法―議会活動と結びつける

　次に、後者の段階、すなわち発見した問題を関係者に認知させ、組織的に検討すべき課題として設定するには、どうすればよいでしょうか。

　第1に、議会の一般質問で執行機関側に検討を求めることです。本会議での質問も重要ですが、一問一答の委員会審議ではあいまいな答弁では終われないため、担当の部課長に検討を約束させることも可能でしょう。たとえば保育所の入所基準や施設数に問題があるとすれば、その点をただし、検討を求めることが考えられます。その際、他の自治体のデータや取組みを知っていれば説得力が出ますので、前述のような情報収集が重要になるわけです。

　第2に、執行機関からの計画、予算、条例などの議案に対して、問題提起を行うことです。たとえば保育所が不足している場合は、当初予算案にはこれらの整備費や運営費が盛り込まれているため、その点を指摘し、この段階で増額修正するか、今後の充実を検討するよう求めることが考えられます。この場合、執行機関側は提出議案が否決や継続審査になると困るため、問題提起を真摯に受けとめる可能性が高いでしょう。

　第3に、会派や議員有志で検討を始めることです。特に条例など議会の権限に関する課題や、執行機関に求めても検討が進まない課題については、議会内で検討を始める必要があります（第8章2参照）。たとえば、地域でごみ屋敷が問題になっている場合、条例に

よる規制が考えられますが、未成熟な課題のため執行機関では取り上げにくいため、有志議員で勉強会を始めたり、関係の委員会で意見交換を行うことが考えられます。

第4に、選挙公約（特にマニフェスト）に政策として盛り込むことです。特に他の議員・立候補者と一緒に共同公約として提示し、当選後、議会内で検討を始めれば、有権者の信託を得ているだけに、推進力になるでしょう（第9章1参照）。

この議会での課題設定にあたっては、特定の会派や少数の議員だけで検討を始めると、他の会派・議員の反発を買う可能性がありますので、キーパーソンになる議員を取り込むなど上手な「持っていき方」をする必要があります。

ふさわしい政策形式を想定する

ある問題を組織的な課題として設定するには、あらかじめ政策の形式を想定しておく必要があります。前述のとおり、政策の形式としては、①計画（自治体計画）、②予算、③条例、④要綱・要領があります。

①の計画は、長期的・計画的な取組みを要する場合に適しています。前述のとおり計画は基本的に執行機関が策定しますので、策定・改定の時期に執行機関に提案・要請することが考えられます。

②の予算は、財政支出を要する事務事業を実施する場合（主として給付行政）に必要になります。予算案の編成は首長の権限ですので、首長や他の執行機関に提案することが考えられます。もっとも、議決権は議会が有していますので、提案を無視すると否決や修正もありうるという姿勢で求めることが可能です。

③の条例は、住民や事業者の権利を制限する場合（いわゆる規制行政）に必要になります。また自治体の基本方針を明確にする場合にも、条例を定めることが増えています。条例は議会の権限ですので（提案は首長も可能）、議会内で問題提起をして検討を始めることが考えられますが、実務に即した検討を要する場合は、執行機関側に検討を要請することも考えられます。

④の要綱・要領は、法令の執行や補助金の基準をつくったり、見直したりする場合に必要になります。これは執行機関の権限ですので、執行機関に検討を要請する必要があります。ただし、その根拠は法令や予算にある場合が多いため、議会としてこれらにさかのぼって検討することも考えられます。

議員提案にふさわしい政策課題とは何か

政策内容からみて議員自身が検討すべき政策課題とはどのようなものでしょうか。特に条例の場合には、首長提案と議員提案がありますが、議員提案にふさわしい条例案はどのようなものでしょうか。

第1に、縦割りの行政組織では受け止めにくい、横断的・総合的な課題です。たとえば子どもの貧困や健康の問題は、児童福祉、生活保護、保健所、学校教育などにまたがるため、縦割りの行政組織では後回しになりがちです。そこで議員が率先して検討し、政策づくりを進めることが期待されます。

第2に、地域現場の実態や住民・事業者の声に根ざした課題です。行政職員は、担当業務の内容や問題点は熟知していますが、業務を離れた地域の現実や課題は意外に知りません。議員は日常的に選挙区を歩いて

図表 3-1　議員が検討することが考えられる政策課題

課題区分	課題例
①自治体運営の基本方針	自治基本条例の制定、住民参加の推進、まちづくりの方向性、地域包括ケアの推進
②新しい政策課題への対応	防災・防犯のまちづくり、食育の推進、空き家対策、ごみ屋敷対策
③人権擁護の課題	障害者との共生、児童虐待の防止、性的多様性の保障（LGBT とのパートナーシップ）
④地域密着・産業振興の課題	農山村の振興、中小企業の支援、地場産業の育成
⑤行政活動の統制	議決事件条例、職員不祥事防止、公共施設の更新計画、第三セクターの適正化

人々の声を聞いていますので、それを政策案にしていくことが期待されます。たとえば町内会などの活動は、議員の方が詳しいため、コミュニティ支援のための条例は議会で検討することがふさわしいでしょう。

　第 3 に、既存の法令等に直結しない、新しい視点や発想が求められる課題です。たとえば、介護保険法に基づいて保険料等を定める介護保険条例は、一般的には執行現場に詳しい執行機関が検討すべきでしょう。逆に、介護サービスに関する苦情対応や地域連携など新しい課題に対応する地域福祉推進条例は、議会が検討することが考えられます。

　以上を踏まえてより具体的な課題を挙げると、図表 3-1 のとおり 5 つの領域を挙げることができます（議員提案条例の傾向と具体例は加藤・平松 2011 参照）。

③　議会内の検討体制をどうつくるか

　議会内で政策（議員提案条例など）を立案する場合には、課題設定の段階で、政策を検討する体制を考え

る必要があります。議会は様々な議員や会派によって構成されており、ボタンをかけ違えるとうまくいかないため、どういう体制で検討するかが重要になります。考えられる体制としては、①議員主導型、②会派主導型、③検討組織主導型、④外部連携型に分けることができます（図表8-2参照）。これについては、第8章2でまとめて検討しますので、もっとも円滑に検討できると考えられる検討体制を選んで提案するとよいでしょう。なお、執行機関に政策立案（計画、予算など）を求める場合は、その状況を監視し、促進することが必要になります。

政策案をつくる
―政策的検討〈立案１〉

　課題を設定した後は、政策案をつくる立案段階になります。この段階は執行機関の役割が大きいのが現状ですが、条例案の作成は本来、議会の権限ですし、計画案や予算案についても、いつでも修正案をつくれるようにしておくことが重要です。

　政策案をつくる以上、すぐれた政策案をつくることが重要です。これが「**政策的検討**」です。また違法な政策になっては維持できませんので、適法な政策案をつくる必要があります。これが「**法的検討**」です。また、立案過程は、政策の骨格を検討する**基本設計**と細部を詰める**詳細設計**に分けることができます（第２章５参照）。本章では政策的検討について、基本設計から詳細設計の順に検討し、次の第５章で法的検討について検討しましょう。

1　目的の明確化（基本設計１）

目的の明確化

　政策案の基本設計では、第１に、目的を明確にする必要があります。政策は目的と手段のセットです（第２章１参照）。すぐれた政策をつくるには、まず目的を明確にする必要があります。目的といっても、「ごみ屋敷問題を解決する」といった抽象的なレベルではなく、「ごみ屋敷の所有者に働きかけて改善を促す」「ごみ屋敷問題に取り組む地域コミュニティを支援す

る」といった方向性まで検討し、関係者間で共有化しておくことが重要です。

社会的事実（問題の実態）の調査・確認

　目的を明確にするには、社会的事実の調査・確認が重要です。本書で用いる**社会的事実**とは、政策の必要性や合理性を裏づける社会的な事実のことで、問題状況と原因の両面に関連する事実です[16]。

　具体的には、何が問題なのか、どの程度・範囲で問題になっているのか、どういう原因から生まれるのかなど、実態を調査し把握することが重要です。課題設定の段階でも課題の把握が必要ですが（第3章1参照）、ここでは政策案を検討するために、さらに正確な状況の確認と原因の分析が求められるのです。

　たとえばごみ屋敷問題については、ごみ屋敷がどの程度存在しているのか、それによって周辺住民にどういう悪影響が生じているか、問題の状況を確認する必要があります。また個人の精神面に問題があるのか、家族のあり方に問題があるのか、コミュニティの問題なのかなどの原因も考える必要があります。それによって、生活支援の充実やコミュニティの育成など、政策の目的を明確にすることができます。

　なお、この社会的事実の確認は、それによって適切な対応策を検討できるという意味で、次の政策手法の選択の際にも重要となります。

---

[16] 本書における社会的事実とは、規制立法の場合の「立法事実」の概念を政策一般に当てはめたものです。立法事実とは、法律の制定を根拠づけ、その合理性を支える一般的事実であり、憲法訴訟では立法の合憲性判断に重要な意味を持っています（芦部 2011：372）。

2 政策手法の列挙と選択（基本設計2）

政策手法案の列挙

　第2に、政策の中核をなす政策手法を検討し、選択する必要があります。

　そもそも政策とは、社会に何らかの働きかけを行う方針ですので、働きかけの手段をどうするかがもっとも重要になります。政策目的を実現するために社会に働きかけるための手段・方法を**政策手法**といいます。

　ひとつの政策に複数の政策手法を採用する場合には、まず中核になる政策手法を選択し、その後、付随的な政策手法を選択することが考えられます。政策を人体にたとえれば、政策手法は背骨に当たり、後述する構成要素は人体の各パートに当たります。背骨がしっかりしていないと頑強な体ができないように、政策手法の選択は、制度設計の中核をなす作業です。この作業には次のような手順が考えられます。

　まず、できるだけ多くの政策手法の候補を列挙することです。しかも、できるだけ多様な手法から列挙することが望ましいと考えられます。実際に採用できる政策手法（落としどころ）は、法的な問題や費用の限界から限定されるかもしれませんが、この段階ではあえて幅広に挙げておくことが重要です。

　政策手法は、図表4-1のとおり、基本的政策手法と補完的政策手法に大別できます。**基本的政策手法**とは、地域社会に働きかける中心的な手法であり、**補完的政策手法**とは、基本的政策手法の効果を高めたり、その実施に必要な資源を調達したりすることによってこれを補完する手法です。そして、それぞれ4つの種

類に分けることができます。

まず基本的政策手法ですが、1）の**規制的手法**は、望ましくない行為や状態を制限、排除することによって目的を実現しようとする手法です。たとえば、禁止制、許可制、届出・指導制などが挙げられます。

2）の**誘導的手法**は、望ましい行為や状態を促進することによって目的を実現しようとする手法です。たとえば行政指導制、補助金制、認定・認証制などが挙げられます。最近は、政策税制など経済的なインセンティブを用いた誘導的手法が注目されています。

3）の**支援的手法**は、住民等の生活や活動を支援することによって目的を実現しようとする手法です。たとえば金銭交付制、金銭貸付制、サービス提供制などが挙げられます。

4）の**調整的手法**は、関係者の意見や利害を調整することによって目的を実現しようとする手法です。たとえば調停あっせん制、当事者協議制、協定・契約制などが挙げられます。

次に補完的政策手法ですが、1）の**計画的手法**は、基本的政策手法を総合的・効果的に実施するため、地域のめざすべき方向や実施すべき手法を計画に定める手法です。個々の政策手法だけではバラバラな措置になりがちなため、あらかじめ計画をつくり、その下で有効かつ効率的な措置を講じるものです。

2）の**実効性確保手法**は、基本的政策手法の実効性を維持するための手法です。特に規制的手法や誘導的手法に従わない者に対して、何らかの不利益（サンクション）を与える手法が中心になります。たとえば罰則制、是正命令制、氏名公表制などが挙げられます。

3）の**財源調達手法**は、基本的政策手法の実現に必

図表 4-1　自治体政策における政策手法（候補）一覧

類型・政策手法		内　容（要　点）
基本的手法	**1）規制的手法**	望ましくない行為を制限又は抑制する手法
	①禁止制	一定の行為を禁止
	②許可・承認制	一定の行為を行う前に許可、承認等を義務づける
	③協議・同意制	一定の行為を行う前に協議や同意を義務づける
	④指定・登録制	一定の行為を行う前に指定や登録を義務づける
	⑤命令制	一定の行為に対して停止等の命令を行う
	2）誘導的手法	望ましい行為や状態への変化を促進する手法
	①行政指導制	望ましい行為を行うこと等を指導や勧告を行う
	②補助金制	望ましい行為や活動の費用の一部を助成
	③政策税制	望ましい行為の税を減免し、そうでない行為に課税
	④認定・認証制	望ましい行為や施設を認定・認証し公表
	⑤公報啓発制	望ましい行為を行うようよびかける
	3）支援的手法	サービス提供等により住民等を支援・補完する手法
	①金銭交付制	一定の住民等を支援するため金銭を交付
	②金銭貸与制	一定の住民等を支援するため金銭を貸与
	③サービス提供制	一定の住民等を支援するためサービスを提供
	④施設提供制	一定の住民等を支援するため施設利用を認める
	⑤相談・情報提供制	住民や団体の相談に応じ、又は情報を提供
	4）調整的手法	関係者の行為や意見・利害を調整する手法
	①意見聴取制	一定の場合に関係者や住民の意見を聴取又は募集
	②調停あっせん制	関係者の申し出を受けて調停・あっせんを行う
	③当事者協議制	一定の場合に関係者との協議・調整を求める
	④協定・契約制	一定の場合に関係者との協定等の締結を求める
	⑤苦情対応制	関係者からの苦情を受けて調査や指導を行う
補完的手法	**5）計画的手法**	計画等を通じて政策手法の目標等を明確にする手法
	①行政計画制	めざすべき将来像や施策・事業の計画を明確化
	②行動指針制	住民等が守るべきルールや行動規範を明確化
	6）実効性確保手法	他の政策手法の実効性を確保する手法
	①罰則制	義務違反を行った場合に制裁を科す
	②是正命令制	義務違反を行った場合に是正措置を義務づける
	③処分取消制	条件に違反した場合等に許可等の処分を取り消す
	④行政調査制	義務違反等の事実について情報収集を行う
	⑤氏名公表制	望ましくない行為を行った場合に氏名等を公表
	⑥給付拒否制	望ましくない行為を行った場合にサービスを拒否
	7）財源調達手法	政策実現に必要な財源を調達する手法
	①独自税制	財源確保のために法定外税等を賦課
	②寄付促進制	財源確保のために寄付等を促進
	8）協働促進手法	施策・事業の実施にあたり住民協働を進める手法
	①住民提案制	住民等の提案を募集・促進
	②住民授権制	住民団体等に公的権限や役割を付与
	③住民協力制	住民等との協力・連携を促進
	④民間委託・指定制	民間団体等に事務を委託又は一定の地位を付与

出典：著者作成

要な財源を調達する手法です。特に誘導的手法や支援的手法を実施するには、相当の費用が必要となります。その費用は既存の財源から融通することもできますが、独自の財源を調達できれば安定した財源が得られるため、この手法を組み合わせるものです。たとえば独自税制、寄付促進制が挙げられます。

4）の**協働促進手法**は、基本的政策手法を円滑に実施するため、住民の参加・協働を促進する手法です。たとえば住民提案制、住民授権制などが挙げられます。

この表はレストランのメニュー表のようなものです。料理人の腕によって様々な味覚の料理にアレンジすることができますし、これ以外のメニューも開拓していく必要があります。議員の方々にも、これを参考にしながらいろいろな「料理」にトライしてほしいと思います。

政策手法の比較検討と選択

次に、選定した政策手法の候補についてメリット、デメリットを比較し、採用する政策手法を選択する必要があります。この比較にあたっては、条例評価の基準、すなわち有効性、効率性、公平性、適法性という4つの基準（この段階では「必要性」は認められることが前提となるため除外）から、「A案では有効性は高いが、効率性は低い」とか「B案では効率性は低いが、適法性は高い」といった分析を行って、よりすぐれた政策手法を選択することが考えられます。

たとえばごみ屋敷問題については、図表4-2のとおり、敷地内の廃物・物品について所有者や管理者に撤去を命じる命令制（A案）や行政指導を行う行政指導

図表 4-2　政策手法の比較評価のイメージ（ごみ屋敷対策の場合）

案	考えられる政策手法	有効性	効率性	公平性	適法性	総合評価
A案	所有者等に撤去等を命じる「命令制」	◎	△	○	△	不採用
B案	所有者等に撤去等を指導する「行政指導制」	○	○	○	◎	採用
C案	町内会等に取組みの費用を助成する「金銭交付制」	△	△	△	○	不採用
D案	町内会等の相談に専門家が応じる「相談・情報提供制」	△	○	△	◎	不採用

注：記号の意味は次のとおり。◎＝特に優れている、○＝すぐれている、△＝やや問題がある、×＝問題がある。政策評価の基準のうち「必要性」は、この段階では何らかの対応が必要と考えられているため、設定していない。

制（B案）が考えられますし、町内会等の取組みを支援するための金銭交付制（C案）や相談・情報提供制（D案）が考えられます。A案は、有効性は高いが、効率性や適法性に問題があり、C案、D案は有効性が低いため、消去法で有効性も効率性も比較的高いB案がよい、といった評価をするわけです（図表4-2参照）。

　こうしたメリット・デメリットを比較して、立案に関わる者の間で議論を行い、政策手法を選択することになります。この際、基本的政策手法と補完的政策手法を組み合わせることは当然可能ですが、基本的政策手法の中から複数の政策手法を採用することも可能です。この選択の際には、本章1で述べたとおり、机上の抽象論ではなく社会的事実に照らして評価・検討することが重要です。

3 主な構成要素の検討（基本設計3）

第3に、決定した目的と政策手法を踏まえて、**政策の構成要素**（第2章2参照）を検討し、要綱、骨子案などの形で明確にする必要があります（図表4-3参

図表4-3 政策の主な構成要素（政策要綱の記載事項）

記載事項	内 容	補足・注意事項
1 目的 （何のために）	地域のどういう課題を解決し、どういう状態をめざすか	あまり抽象的にならないよう、現状・問題点を要約しつつ、的確な表現でめざす状態を記載する
2 主体（誰が）	この手段をどういう機関が行使するか	自治体の執行機関（とくに首長）を指定することが多いが、住民団体等が主体になることもある
3 対象 （誰に・何に）	この措置を誰または何に対して行うか	住民、事業者等の「人」を対象とすることもあるし、特定の「行為」や特定の「場所」を対象とすることもある
4 執行手段 （どういう措置を）	社会に対してどのような手段で働きかけるか。政策手法の中核をなすもの	選択した政策手法の中核となる手段・行為を特定する（この段階では基本的には選択済み）
5 執行基準 （どういう基準で）	この手段をどのような要件、基準の下で行うか	許可制であれば許可基準、補助金交付制であれば交付基準がこれに当たる。臨機応変に対応するため、細かい基準を決めないで、執行機関が規則や要領で定めるようにすることもある
6 執行手続 （どういう手続で）	この手段をどのような手続、プロセスで行うか	相手方の権利保障と住民参加の手続の必要性を検討することが重要である
7 予算・財源 （いくらで）	この手段にどれだけの予算が必要か、その財源をどう確保するか	とくに補助金制、金銭貸与制など財政支出を要する場合は概算・目安でもよいので示す必要がある。ただし、正確な積算は予算編成権をもつ首長部局に委ねる
8 施行日・ 期限（いつ）	この手段をいつからいつまで実施するか	原則として予算は各年度ごとに、計画は目標年次まで、条例は期限を定めない形で検討。一定期間での見直しを定めることも可能
9 その他	その他、この政策の実施に関して必要な事項	第三者機関の設置、周知に関する措置、政策の見直し規定、施行前の行為に対する経過措置など必要な事項を盛り込む

出典：著者作成

照）。といっても、実際には政策手法を選択する際に主体と執行手段はほぼ検討済みだと思いますので、この段階では対象、執行基準、執行手続など、政策手法を具体化する作業が中心になります。

この段階では、改めて計画、予算、条例、要綱・要領に当てはめて、構成要素を考えます。計画では、政策体系における位置づけや文章表現が重要になる反面、執行手続、予算財源などの事項は必ずしも必要ありません（予算化・条例化の段階で明確にすればよい）。予算では、支出額の概算は見積もる必要がある反面、執行基準、執行手続などは未確定でも大丈夫です。そして、これらの場合は、実際には提案者である執行機関が立案することが多いため、議員は要点を検討しておいて、執行機関に提案することが考えられます。

条例については、1〜6の事項について要点を検討する必要がありますが、予算・財源などは次の詳細設定で検討することになります。条例の場合も、執行機関が提案する場合は、議員はポイントを示して検討を促すことが考えられます。条例については、法的検討も重要になりますので、この点は次章で検討します。

4 具体的な政策内容の検討（詳細設計）

政策案の基本設計を終え、その要点が明確になった後は、詳細設計に入ります。この段階では、より具体的な内容を検討する必要があります。

条例案を作成する場合（議員提案の場合）は、図表4-3の対象、執行基準、執行手続などの細かい内容のほか、罰則、経過措置などを検討し、明確にする必要

があります。この場合、次章で述べる法的検討も行ったうえで、法制執務のルールに基づいて条例文を作成する必要があります。

　これに対して計画案や予算案は、基本的には執行機関が立案し提案するため、議員が詳細設計を担当することは少ないでしょう。ただ、これらを修正する場合は、具体的な修正案を提示するために詳細設計が必要になる場合があります。

第4章　政策案をつくる―政策的検討〈立案1〉

第5章 政策案をつくる
―法的検討〈立案２〉

1 法的検討の基本原則

　法的検討とは、適法な政策をつくるための検討です（第４章１参照）。以下、４つの問題に分けて検討しましょう。

　第１に、政策をつくる場合には、次の法的な原理・原則に適合する必要があります。以下のうち④や⑤は、政策形成より政策執行（個別措置）の段階で問題になることが多いのですが、政策形成の段階でも配慮が必要です。

①　法治主義（法律による行政の原理）

　行政は法律に従わなければならないという原理です。正確には、国民の権利・自由を守るために、国家機関が権力を行使するときは、国民の代表機関である議会が制定した法律に基づかなければならないという原理が**法治主義**です（この原理によって運営される国家を**法治国家**といいます）。特に行政機関が国民の権利・自由を制限する場合に、法律の根拠を要するという原理が、**法律による行政の原理**です。自治体の場合は、国の法律か条例の根拠を要することになります。「法的検討」とはこの法治主義に基づく点検にほかなりません。

②　平等原則

　行政は合理的な理由もなく住民や事業者を差別してはならないという原則です。憲法14条にも定められ

た原則ですが、憲法が直接適用されない場面でも、平等取り扱いが要請されます。政策評価の基準でも公平性を掲げましたが（第2章3参照）、これは平等原則とかなり重複します。たとえば条例で特定の住民や地域だけ規制や負担を強いたり、補助金要綱で特定の企業や段階を優遇すると、違法となる可能性があります。判例では、水道料について別荘所有者に住民の3.57倍の基本料金等とする条例改正について、不当な差別にあたるとされた例があります（最判平18・7・14、地方自治判例百選（第4版）28頁）。

③ 比例原則

行政が用いる手段は、目的に照らして均衡のとれたものでなければならないという原則です。比喩的には、「スズメを撃つのに大砲を持ち出してはならない」といわれます。たとえば規制条例を制定する場合に、必要以上に規制的な手段を選択すると違法になる可能性があります。判例では、市職員が飲酒の翌日、酒気帯び運転により物損事故を起こしたため懲戒免職としたことについて、社会通念上著しく妥当を欠いて苛酷であり，裁量権の濫用として違法とされた例があります（大阪高判平21・4・24）。

④ 信義誠実の原則（信義則）

行政活動に対して寄せられた住民や事業者の期待は、尊重されなければならないという原則です。一言で言えば、他人の正当な期待を裏切ってはならないということです。もともとは民法上の原則（民法1条2項「権利の行使及び義務の履行は、信義に従い誠実に行わなければならない」）ですが、行政法の分野にも適用されます。判例では、ある企業が村の協力・誘致によって工場建設を計画して機械整備の発注等を行っ

たところ、誘致反対派の村長が当選し一方的に協力を拒否したことが、信頼関係を不当に破壊するものとして違法とされた例があります（最判昭56・1・27、行政判例百選Ⅰ（第6版）60頁）。

⑤　権利濫用禁止の原則

　行政機関はその権限を濫用してはならないという原則です。国や自治体は、国民の信託に基づいて公的権限が付与されているものであるため、その権限を濫用してはなりません。判例では、個室付き浴場の開業計画に対して、児童福祉施設から200m以内では当該施設の営業が禁止されていることに着目して、県と町がこれを阻止する方針を立て町が急きょ児童遊園を設置したことが、行政権の著しい濫用として違法とされた例があります（最判昭53・5・26、行政判例百選Ⅰ（第6版）68頁）。

2　憲法（人権保障）に反しないこと

　第2に、自治体の政策は憲法に反してはなりません（憲法98条1項）。特に基本的人権の制限になる場合には、注意が必要です。

　基本的人権は、大きく幸福追求権、平等権、自由権、参政権、社会権の5つに分けることができ、さらに自由権は精神的自由、経済的自由、人身の自由に分けることができます（図表5-1参照）。たとえば、開発行為の規制は財産権や営業の自由の制限になりますし、最近注目されているヘイトスピーチの規制は表現の自由の制限になります。自治体の実務では、憲法との関係には無頓着であることが多いのですが、今後は意識する必要があります。

もちろん人権も無制限ではなく、「公共の福祉」に
よる制限を受けますし（憲法13条）、条例で人権を制
限することも可能です。しかし、人権を規制する場合
には、「公共の福祉」に基づく必要最小限度の制限で
なければなりません。ざっくり言えば、規制の「目
的」が公共的な必要に基づくものであり、かつ規制の
「手段」が合理的でできるだけ制限的でないものでな
ければなりません。

　法律や条例が憲法に違反するか否かは、裁判所が審
査します（憲法81条）。これを**違憲立法審査権**といい
ます。その際、経済的自由や財産権の制限について
は、立法機関の判断を尊重して比較的緩やかな基準で
合憲性を審査するのに対して、精神的自由について
は、自由な言論を通じて選挙などの民主的過程を支え
るものであり、これが過度に制限されると民主的過程
に問題（瑕疵）が生じるため、より厳しい基準で合憲
性を審査するものとされています。これを**二重の基準**
といいます。実務では、表現の自由よりも実害のある
財産権の規制になることをおそれる傾向があります
が、司法審査では逆なのです。こうした判断の具体的
な基準を要約すると、図表5-2のとおりです。この時
点でこれをすべて理解して覚えることは難しいと思い
ますが、問題を抱えた場合に参照してください。

　なお、財産権の内容は「法律でこれを定める」とさ
れていること（憲法29条2項）から、財産権は条例
では制限できないと解されていましたが、現在ではこ
こでいう「法律」とは議会制定法のことであり、条例
もこれに含まれる、つまり条例でも財産権を規制でき
るという見解が有力となっています（奈良県ため池条
例事件・最判昭38・6・26、憲法判例百選Ⅰ（6版）

図表 5-1 主な基本的人権の要点

区　分	人　権	憲法上の規定（抜粋）
1）幸福追求権	幸福追求権	生命、自由及び幸福追求に対する国民の権利については、公共の福祉に反しない限り、……最大の尊重を必要とする。（13条）
2）平等権	平等権	すべて国民は、法の下に平等であって、人種、信条、性別、社会的身分又は門地により、政治的、経済的又は社会的関係において、差別されない。（14条1項）
3）精神的自由	思想・良心の自由	思想・良心の自由は、これを侵してはならない。（19条）
	信教の自由	信教の自由は、何人に対してもこれを保障する。（20条1項前段）
	学問の自由	学問の自由は、これを保障する。（23条）
	表現の自由	言論、出版その他一切の表現の自由は、これを保障する。（21条1項）
	集会・結社の自由	集会・結社……の自由は、これを保障する。（21条1項）
4）経済的自由	職業選択の自由	何人も、公共の福祉に反しない限り……職業選択の自由を有する。（22条1項）
	居住・移転の自由	何人も、公共の福祉に反しない限り、居住、移転……の自由を有する。（22条1項）
	財産権	財産権は、これを侵してはならない。財産権の内容は、公共の福祉に適合するやうに、法律でこれを定める。私有財産は、正当な補償の下に、これを公共のために用ひることができる。（29条1項～3項）
5）人身の自由	人身の自由	何人も、いかなる奴隷的拘束も受けない。又、犯罪に因る処罰の場合を除いては、その意に反する苦役に服させられない。（18条）
	適正手続の保障	何人も、法律の定める手続によらなければ、その生命若しくは自由を奪はれ、又はその他の刑罰を科せられない。（31条）
6）参政権	参政権	公務員を選定し、及びこれを罷免することは、国民固有の権利である。（15条1項）
7）社会権	生存権	すべて国民は、健康で文化的な最低限度の生活を営む権利を有する。（25条1項）
	教育を受ける権利	すべて国民は、法律の定めるところにより、その能力に応じて、ひとしく教育を受ける権利を有する。（26条1項）
	労働基本権	勤労者の団結する権利及び団体交渉その他の団体行動をする権利は、これを保障する。（28条）

図表 5-2 立法の憲法適合性に関する主な審査基準

適用事例	事 例	区 分	審査基準	内 容
経済的自由（財産権）・社会権の積極的規制	都市計画、景観保全、生活保護引き下げ	緩やかな基準	合理性の基準	法の目的と手段が著しく不合理でなければ合憲とする
			明白性の基準	法が著しく不合理であることが明白でない限り合憲とする
経済的自由（財産権）の消極的規制	急傾斜地保護、災害防止、食品規制	やや緩やかな基準	厳格な合理性の基準	他のより緩やかな規制では法の目的を十分に達成できない場合に限り合憲とする
精神的自由の外形的規制、参政権の規制	デモ行進の規制、屋外広告物の規制	厳格な基準	LRA の法理（より制限的でない他の選びうる手段の基準）	手段の審査において、法の目的を達成するためにより制限的でない他の選びうる手段が存在しない場合に合憲とする
			漠然性ゆえに無効の法理	規制内容が曖昧な場合に、そのことを理由として違憲とする
			広汎性ゆえに無効の法理	規制内容が明確であっても、その範囲があまりに広く、過度の規制となりうる場合に違憲とする
精神的自由の内容的規制	出版の規制、集会の禁止	特に厳格な基準	明白かつ現在の危険の法理	対象行為を放置することによって近い将来、重大な害悪が発生する蓋然性が明白であり、かつ規制手段が害悪を回避するのに必要不可欠である場合にのみ合憲とする

出典：各種テキストから著者作成

218 頁）。開発事業や建築行為の規制など、条例では財産権の制限につながる場面が多いため、この点は重要です。

③ 条例案の法的検討 —条例制定権の３つのハードル

第３に、条例についてはさらに注意すべき事項があります。そもそも条例はどこまで制定できるのでしょ

うか。

　憲法は、条例は「法律の範囲内で」制定できると定め（94条）、地方自治法は、条例は「法令に違反しない限りにおいて」「地方公共団体の事務に関して」制定できると定めています（14条1項）。そこで条例制定には、①当該自治体の事務に関するものであること、②法令に違反しないことというハードルがあります。さらに、前述のとおり、自治体の政策（条例を含む）は憲法に反することはできません（憲法98条1項）。これを含めると3つのハードルになりますが、ここでは残り2つのハードルについて説明します。

　なお、条例には自主条例と法定事務条例があります。**自主条例**とは独自に事務を創設して必要な事項を定める条例であり、**法定事務条例**とは法律に基づく事務について必要な事項を定める条例です。法定事務条例は個別法の解釈が主な問題になりますし、基本的には首長提案になることが想定されるため、ここでは自主条例を念頭に置いて検討します。

当該自治体の事務に関するものであること（第1ハードル）

　まず、条例は当該自治体の「事務」に関するものであることが必要です。市町村条例であれば、当該市町村が担当すべき役割に関して定めるものであり、国や都道府県の役割に関して制定することはできません。たとえば、外交の処理や安全保障は国に専属する事務ですし、大気汚染防止、森林保全等の広域的な事務は都道府県の事務ですので、基本的に市町村条例を制定することはできません。

　このハードルに関しては、次の点に留意する必要が

あります。

　第1に、当該自治体の事務といっても、現に法令等に基づいて処理している事務である必要はなく、当該自治体の「役割」に属すると考えられれば、条例制定が可能です。たとえば、路上喫煙や吸い殻のポイ捨ての規制は、法令上は市町村の事務とされていませんが、快適な都市環境の確保は市町村の役割だと認められますので、市町村はそれらの防止条例を制定できると考えられます。

　第2に、国・都道府県・市町村の事務配分は、相互に排他的なものではなく、「共管領域」も少なくありません。たとえば土地利用の規制は、国土保全や県土管理といった広域的な視点からは国や都道府県の役割ですが、まちづくりの視点からは市町村の役割でもあります。したがって、市町村がよりよいまちづくりのために条例を制定することは可能と考えられます。

　第3に、市町村は「地域における事務」を包括的に担当できますが、都道府県は広域、連絡調整、補完の3つの事務に限定されているため（2条5項）、都道府県が条例を制定する場合はこのいずれかに該当する必要があります。市町村条例よりも都道府県条例が優先するというイメージがありますが、守備範囲からいえば都道府県条例の方が狭いのです。

法令に違反しないこと（第2ハードル）

　次に、条例は法律の範囲内であること、**法令に違反しないことを要します**。ここで「法令」とは、法律とこれに基づく命令（政省令）のことです。といっても、法律で「〜を制限する条例を制定してはならない」などと書いてあるわけではありません。法律が何

らかの規制をしている場合に、条例で同じような規制
をすると競合するため、法律に反するのではないかと
いう点が問題になるわけで、微妙な判断が求められる
ものです。

　以前は、「**法律先占理論**」といって、法律が規制し
ている領域（先占領域）については、条例はつくれな
い、つくると法律に違反するという解釈がありまし
た。たとえば建築基準法がある中で、自治体が建築行
為を制限するような条例をつくることはできないと解
されました。これだと、同じ領域に法律の規制がある
か否かを確認すればよいので判断は明確ですが、日本
では内政のほとんどの領域に法律が制定されています
ので、条例は残された「空白領域」を探して制定しな
ければならなくなります。これでは、憲法が条例制定
権を保障した意味がなくなってしまいます。

　そこで裁判所は、より柔軟な判断を示しました。最
高裁は、**徳島市公安条例事件判決**（最判昭50・9・
10、地方自治判例百選（第4版）54頁）において、
法令への抵触については、法令と条例の対象事項と規
定文言を対比するだけでなく、それぞれの趣旨、目
的、内容及び効果を比較し、両者の間に実質的に矛盾
抵触があるか否かによって決すべきであるとしました
（私はこれを「**実質的判断説**」と呼んでいます）。その
うえで、いくつかの場合に分けて矛盾抵触があるか否
かの判断基準を示しました。これは、法律と重複する
対象について法律より厳しい規制を行う**上乗せ条例**に
ついての基準でしたが、さらに**高知市普通河川等管理
条例事件判決**（最判昭53・12・21、地方自治判例百
選（第4版）58頁）は、**横出し条例**に関する判断基
準を示しました。これらは、法律先占理論を否定し、

ケースバイケースで実質的な抵触（バッティング）の有無を判断するものだといえます。

最高裁の判断基準とは？　—フロー図で判断

　以上の最高裁の判断基準は、次のように４つの場合に分けて判断するものです。

【最高裁の判断の骨子】

①　ある事項について法令が規律していない場合（横出し条例）＋法令がいかなる規制もしないで放置する趣旨のとき→これを規律する条例は法令に違反する。

②　ある事項について法令と条例が併存する場合＋両者が異なる目的であるとき（広義の上乗せ条例）→法令の意図する目的と効果を阻害しないときは、条例は法令に違反しない。

③　ある事項について法令と条例が併存する場合＋両者が同一の目的であるとき（狭義の上乗せ条例）→法令が全国一律の規制を行う趣旨でなく、地方の実情に応じて別段の規制を施すことを容認する趣旨であるときは、条例は法令に違反しない。

④　ある事項について法令が規律していない場合（横出し条例）＋法令が条例でより厳しい規律を行うことを許容していないとき→より厳しい規律を行う条例は法令に違反する。（高知市普通河川等管理条例事件判決）

　これだけではわかりにくいため、私はこれをフロー図にして、順に点検して結論を出すことをお勧めしています。図表5-3をみてください。

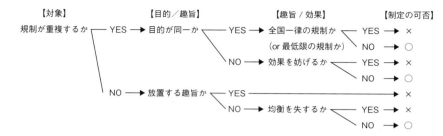

図表 5-3　条例の法律適合性に関する最高裁の判断フロー

　第1のポイントは、法令と条例の「対象」が重複するか否かです。重複する場合はYESに、重複しない場合はNOに進みます。

　第2のポイントは、上記の結果によって分かれます。対象が重複する場合（上記でYESの場合）は、法令と条例の「目的」が重複するか否かが問題となり、重複するならYESに、重複しないならNOに進みます。対象が重複しない場合（上記でNOの場合）は、法令の「趣旨」が当該対象を放置する趣旨か否かが問題となり、放置する趣旨（YES）ならこの段階で条例は×（違法）になりますが、そうでない（NO）なら次に進みます。

　第3のポイントは、3つの場合に分かれます。

　まず対象が重複し、かつ目的も重複する場合（上記でYESの場合）は、法令の「趣旨」が全国一律の規制か、全国最低限の規制か（地域による上乗せ規制を認める規制か）が問題になります。全国一律（YES）なら条例は×（違法）で、全国最低限（NO）なら条例は○（適法）となります。

　次に対象は重複するが、目的は異なる場合（上記でNOの場合）は、法令の「効果」を妨げるか否かが問題になります。妨げる（YES）なら条例は×（違法）

で、妨げないなら条例は○（適法）となります。

　さらに対象が重複せず、かつ法令が当該対象を放置する趣旨でもない場合（上記第2でNOの場合）は、法令と条例の規制が均衡を失するか否か（特別な理由もなく法令より厳しい規制をしていないか）が問題になります。均衡を失する（YES）なら条例は×（違法）、失しない（NO）なら条例は○（適法）となります。

違法になりにくい条例づくりのポイント

　このフロー図では、各設問にYESと答えて水平に進むほど違法になる可能性が高くなり、NOと答えて下方に進むほど適法になる可能性が高くなります。そこで、違法性を免れるためには、①規制条例にしない（行政指導条例にとどめる）、②法令の規制対象を外す（横出し条例にする）、③法令とは異なる目的を掲げる、④法令が全国一律の規制でないと解釈する、という点が重要となります。

　もっとも、「すぐれた条例」をつくるには、きちんと規制条例や上乗せ条例にするなど、法的リスクをおそれない姿勢も重要です。政策的検討の結果を重視するか、法的検討の結果を重視するか。まさに住民に選ばれた議員たちが行うべき政治判断です。

執行権との関係に基づく限界（第4のハードル？）

　条例制定権の限界としては、以上のほかに**立法権と執行権の関係に基づく限界**にも注意する必要があります。

　議会は立法権（一般的・抽象的な法規範を定立する権限）を有していますが、執行権（個別・具体的な措

置を行う権限）は首長などの執行機関が有しています
ので、執行権の根幹を侵害するような条例は違法にな
ると考えられます。たとえば、条例で特定の許認可や
公共事業の実施を義務づけたり、組織編成や職員人事
を指定したりすることは、執行権の根幹を侵害し、権
限分担を定める地方自治法に違反して違法になると解
されます。最近、議員提案条例が増えるとともに、議
決事件条例（96条2項）など執行権に介入する条例
も増加しているため、この限界にも注意することが必
要になっています。

　もっとも、立法権と執行権の境界は不明確ですし、
地方自治法自体が議会に執行監視の権能を認めていま
す（96条1項参照）ので、執行権の根幹を侵害する
ものでなければ、過度に心配する必要はありません。

4 条例案の作成（詳細設計）
　　─法制執務とは何か

　第4に、条例案の立案（詳細設計）については、条
例の構成や条文の作成について、いくつかのルールが
あります。こうしたルールに基づく条例案の作成作業
を**法制執務**といいます（比較的読みやすいテキストと
して、早坂2001、大島1998参照）。

　1つ目に、条例の構成にはルールがあります。まず
「本則」は、①目的、②基本理念、③定義、④責務、
⑤政策手法、⑥実効性確保手法、⑦その他（附属機関
の設置など）という7つの要素に分けることができ、
この順番に配列するのが標準です（図表5-4参照）。

　また、条例文の形式ですが、本則の各規定は見出し
（条文の前にかっこ書きで入れる）と条文で構成され、
条文は条－項－号の序列で規定します。すなわち、あ

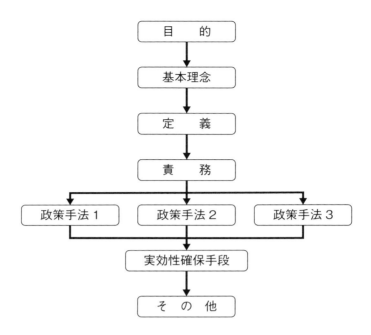

図表 5-4　条例の標準的なしくみ（構成要素）
出典：著者作成

る条文が1文で終わるなら「○条」のみですが、条の中を2文以上に区分するなら「○条○項」となり、さらに項の中に小区分を入れるなら「○条○項○号」となります。さらに本則以外には、公布文、条例番号、題名、目次、本則、附則の順に記載します（図表5-5参照）。

　2つ目に、上記の実効性確保手法のうち「罰則」を定める場合は、法律で定める範囲内でなければなりません。地方自治法では、「2年以下の懲役若しくは禁錮、100万円以下の罰金、拘留、科料若しくは没収の刑又は5万円以下の過料」を設けることができます（14条3項）。この法定刑の設定にあたっては、違反行為の重大性、違反抑制の効果、他の法律・条例の罰

図表 5-5　条例文の形式（横書きの場合）

公布文	○○市○○○条例をここに公布する。 　　平成○年○月○日 　　　　　　　　○○市長　（氏名）
条例番号 題名	○○市条例第○号 　　　　○○市○○○条例
目次	目次 　　第1章　○○○○ 　……（中略）…… 　　　　　　　第1章　○○○○
見出し 本則	（○○○） 第1条　○○○○○○○○○○○○○○○○○○。 　　ただし、○○○○。 2　○○○○○○○は、次のとおりとする。 　(1)　○○○○ 　(2)　○○○○ 　……（中略）……
附則	附則 1　○○○○○○○○○○○○○○○○○○○○○。

則規定とのバランスを考慮して、慎重に行う必要があります。

　なお、罰則を定める場合は、実務的には捜査機関（地方検察庁）との協議が必要とされています。義務ではないのですが、実際に違反行為があった場合に、条例に法的な疑義があって立件できないと困りますので、議員提案の場合も、刑事事件のプロに助言をもらえる機会と考えて、ある程度の期間（2〜3カ月程度）を見込んで協議するとよいでしょう。

　3つ目に、条例文は「法制執務」のルールに基づいて作成する必要があります。このうち一番とまどうのが、法令用語のルールでしょう。たとえば「及び」という言葉は、複数の語句をつなげる接続詞ですが（英語の and）、3つ以上の語句をつなげる場合で、語句の間に段階の差があるときは、一番小さなつながりに「及び」を用い、それ以外のつながりに「並びに」を

用いることとされています。

　こうした法制執務のルールは、一見専門的でとっつきにくいのですが、一種の約束事であり、慣れるとパズルを組み立てるようなおもしろさもありますので、議員同士で条例文づくりに挑戦するとよいでしょう。あわせて条例提案までに、議会事務局や有識者・協力者に点検・修正してもらうことが考えられます。

政策案を審議する〈決定〉

1 議決事項の種類と提案権・修正権

　議会による政策決定は、「**議決**」という形をとります。そこで、政策決定の前提として議決権の内容や、提案権や修正権を確認しておきましょう（図表6-1参照）。

　議決事件には、15種類の法定された事項（地方自治法と他の法律等で議決事項とされたもの）と条例で定められた事項があります（96条1項、2項）。狭い意味の**議決権**だけでなく、**意見書提出権**、**請願等処理権**、**承認権**なども、政策決定に関係する議決に含められます（これに対して選挙権・検査権・調査権・自律権・同意権は、行政監視または議会の自律機能のため、ここでは取り上げません）。

　議決は、その性質に応じて、①自治体という団体の意思を決定するもの、②議会という機関の意思を決定するもの、③執行機関の執行の前提として決定するもの、の3種類に分けられます。そして、①については首長と議員の両方に提案権があり、議会には修正権があるが、②については議員のみに提案権があり、当然ながら議会には修正権があり、③については首長のみに提案権があり、したがって議会の修正権は制限される、と解されています（全国町村議会議長会2015：40-64、松本2015：361）。ただし、以上は原則であり、予算の提案権は首長のみに認められるなど個々の規定等による違いがあります。

図表 6-1　議会の議決事項と提案権・修正権（要点）

権　限	決定の性格	具体例	提案権	修正権
1.　議決権	①自治体の意思を決定	条例、予算、決算の認定、事務所の位置、基本計画の策定＊、姉妹都市の締結＊	首長・議員※	原則あり※
	②議会の意思を決定	議員の懲罰など	議員	あり
	③執行の前提としての決定	契約の締結、財産の譲渡等、権利の放棄、訴えの提起など	首長	なし
2.　意見書提出権	議会の意思を決定	意見書の提出	議員	あり
		各種の決議（法定外）	議員	あり
3.　請願等処理権	原則として自治体の意思を決定	請願・陳情の採択・不採択	住民	なし
4.　承認権	議会の意思を決定	専決処分の事後承認	首長	なし

注：＊印は議決事件条例がある場合の例を示す。※印は予算に関する例外があることを示す。
出典：著者作成

2　審議の活性化―議員間討議を増やす

議員間討議の重要性

　議会の最大の問題は、議会の審議が執行機関への質問・追及が中心になっており、議員間の討議が限られていることです（これを**質疑主義**といいます）。このため、議会が言いっぱなし・聞きっぱなしの場所になり、政策形成機能を発揮できないほか、代替案がないために行政監視機能も不十分になっています。今後は、議員間討議を中心にすることによって政策形成と行政監視の役割を発揮するとともに、議員同士が競い合い、磨き合うことによって政策力を身につけていくことが求められています。そうした議員の活動・活躍をみて、住民が信頼できる議員を選んでいくという好循環を生み出す必要があります。

では、どうやって議員間討議を増やしていけばよい
でしょうか。

議員提出議案の増大と意見集約の慣行化

　第1に、**議員提出議案**を増やしていくことです。条
例案の議員提案はもちろんですが、予算や総合計画に
ついても、首長提案の原案に対して議員や会派が互い
に「修正案」を出し合えば、提案議員と他の議員の間
で質疑応答が必要になりますので、審議の様子も変
わっていくでしょう。なお、議員の政策案づくりは、
課題設定と立案の章（3〜5章）で検討したとおりで
す。

　第2に、議員による**一般質問**を踏まえて、議会とし
ての意見をまとめることです。議員の一般質問には現
状でも影響力がありますが、議会全体の意見ではあり
ませんし、質問者と答弁者の応答で終わりがちです。
今後は、各議員の一般質問が一巡した後に、重要と認
められる事項を議会の意見として議決し、執行機関に
配慮を求めてはどうでしょうか[17]。予算案に関して
は、後述のとおり予算編成時期に議会としての意見を
とりまとめて、執行機関に提出することが考えられま
す。これらの意見は、「**決議**」として決定することが
考えられます[18]。もちろん意見の決定には議決が必要
ですので、多数会派の意見が通りやすいわけですが、
少数会派の意見でも的確なら採用される可能性があり

---

[17]　竹下 2010：249-250 も、「個々の議員が質問するだけで終わりと
　　いうのではなく、（中略）行政機関の方針や考え方を理解し、そ
　　の上で、その考え方や方針が適切であるか否かを、議員全員で
　　住民の立場に立って、合議し、反対し、議会の意思としてまと
　　めることが必要である」と指摘しています。竹下 2009：65 も同
　　旨。

ますし、何より意見をまとめる過程で議員間で議論することが重要なのです。

議員間討議の導入と執行機関の出席職員の限定

第3に、重要議案の採決を行う場合は、事前に「議員間討議」の時間を設けることが考えられます。たとえば委員会審議では、提出議案について執行機関への質疑を行った後に、委員間で討論する時間を十分に確保したうえで、委員会意見を決定することが考えられます[19]。本会議審議では、議案に対する表決の前に「討論」が行われますが、実際には各会派の代表者が賛否の意見を「表明」するだけになっていますので、①会派の意見表明→②相互の質疑応答→③表決という手順に変えることが考えられます[20]。

実は、全国の地方議会が同じような議事進行をしているのは、全国議長会が作成した「**標準会議規則**」に従って会議規則を定めているためです（竹下 2010：134-137、大森 2002：112-114)。この標準規則が議員間討議を軽視したルールになっているのですが[21]、あ

---

[18] 議会は「当該普通地方公共団体の公益に関する事件」について意見書を「国会又は関係行政庁に提出することができる」とされています（99条)。この「関係行政庁」には当該自治体の執行機関も含まれるという見解（松本 2015：379）もありますが、各議長会は含まれないとし、必要な場合は「決議」として表明すべきものとしています（全国町村議会議長会 2015：53)。実務では後者の解釈が採られていると思われるため、本書はこれに従いました。

[19] 佐藤・八木 1998：159（鵜沼信二）は、「委員会の所管事務調査とは、委員会が自らその権限で発動するものであるから、執行部の説明聴取は必要最低限にとどめ、委員間で十分議論を深める委員間討議を重点に行われるべきである」と指摘します。

[20] 審議の充実に関して、竹下 2010：178-181 は、イギリス議会で採用され、かつて日本の地方議会でも採用されていた「読会制」の復活を提案しています。

くまで「標準」ですから、これと異なるルールを工夫すべきです。

　第4に、執行機関の職員の出席を限定するとともに（大森2002：102）、出席させる場合には建前論で終らせない工夫が必要です。法律では、首長やその委任を受けた者は「議会の審議に必要な説明のため議長から出席を求められたときは、議場に出席しなければならない」と定められているだけですが（121条）、多くの議会で幹部職員が揃って出席するのが常態化しています。今後は、①審議事項を限定して出席職員を限定する、②本会議では議案または通告事項に関係する部局長（委員会では部長・課長）のみの出席とする、③執行部職員の出席時間を限定する、などの対策を講じるべきです。また、出席を求める場合には、執行機関側からも議員の発言の趣旨や代替案をただす反問の機会を保障すべきでしょう[22]。

　以上のほか、審議の活性化のために、事前通告と質疑の根回しの廃止、一問一答式の導入など質疑方式の見直し、議場の間取りの変更（教室型・演壇型→円形

---

[21]　たとえば標準都道府県議会会議規則51条は、「討論については、議長は、最初に反対者を発言させ、次に賛成者と反対者をなるべく交互に指名して発言させなければならない。」とし、発言者間の意見交換は想定していません。全国町村議会議長会2015：129も、「討論とは、議題となっている問題に対する自己の賛否の意見表明」であるとし、「『討論一人一回の原則』があり、お互いに賛否の意見を反覆して行うことは絶対にできないことになっている。」としています。

[22]　議会基本条例の嚆矢となった栗山町議会基本条例では、「町長等は、議員の質問に対して議長又は委員長の許可を得て反問することができる」とし（5条2項）、「議会は、議員による討論の広場であることを十分に認識し、議長は、町長等に対する本会議等への出席要請を必要最小限にとどめ、議員相互間の討議を中心に運営しなければならない。」と定めています（9条1項）。こうした規定は相当数の議会基本条例で定められています。

型・コの字型など）の改革も重要だと思われます[23]。

3 住民・有識者の意見の活用

　議会審議の充実のために、もう一つは、外部人材すなわち住民・NPOや有識者の意見や助言を求めることが重要です。現状では、外部の情報・知識を活用しないため、執行機関側の説明や情報に依存せざるを得ず、視野の狭い議論になっています。では、具体的にどのような方法が考えられるでしょうか。

　第1に、**公聴会・参考人の制度**を活用することです。地方自治法では、「会議において、予算その他重要な議案、請願等について公聴会を開き、真に利害関係を有する者又は学識経験を有する者等から意見を聴くことができる」という公聴会制度と、「会議において、当該普通地方公共団体の事務に関する調査又は審査のため必要があると認めるときは、参考人の出頭を求め、その意見を聴くことができる」という参考人制度を定めています（115条の2第1項、第2項）。しかし実際にはこれらはあまり活用されていません（図表6-2参照）。特に臨機応変に活用できる参考人制度は、もっと活用すべきでしょう。

　第2に、議会内で政策検討会等を開催する場合に、住民、NPO、有識者の参加を求めることです。有識者については、**専門的知見の活用**の制度（100条の2）

---

[23] 事前通告と質疑の根回しの廃止については、佐藤・八木1998：134（岡本光雄）、片山2007：125、大森2008：335、一問一答式の導入など質疑方式の見直しについては、佐藤・八木1998：135（岡本）、西尾編著2005：143（加藤幸雄）、議場の間取りの変更については、佐藤・八木1998：135（岡本）、大森編著2000：166-177（岡本光雄）、大森2002：101など、多くの論者が指摘や提案を行っています。

図表 6-2　議会における公聴会・参考人制度の活用状況　　　　　　　（2014 年度）

区　分	選択肢	都道府県（全 47 団体）		市区町村（全 1,693 団体）	
公聴会	開催したことがある	0 団体 （0.0%）	—	6 団体 （0.3%）	（主な目的） ・議員定数削減及び議員報酬について市民の意見を聴取する。 ・町の産業振興のための条例制定について、広く意見を聴取する。
	開催していない	47 団体 （100%）	（主な理由） ・委員会において公聴会を開くことができるため、本会議での公聴会を必要としないと考えるため。	1,687 団体 （99.7%）	（主な理由） ・公聴会は、公示等、開催までに時間を要するため、代用として議会報告会や意見交換会を実施している。
参考人制度	利用したことがある	17 団体 （36.1%）	（利用目的） ・条例案を検討するために、意見を聴取する必要があったため。 ・教育長の任命同意議案に候補者を参考人招致し、意見を聴取するため。	192 団体 （11.1%）	（利用目的） ・本会議の審議において、専門的知識が必要であるため。 ・議論を深めるため、意見を聴取する目的（今後の議会のあり方について等）。
	利用していない	30 団体 （63.9%）	（利用していない理由） ・委員会において利用しているが、本会議では利用する事案が発生していないため。	1,501 団体 （88.9%）	（利用していない理由） ・委員会の調査に置いて参考人制度を利用しているため、本会議では必要としていない。 ・現在、議会改革の諸課題の一つとして協議している。

注：総務省調査（2014 年度の状況について 2015 年 7 月 1 日現在で調査）において 47
　　都道府県（100%）、1,693 市区町村（1,741 市区町村中、97.2%）の議会事務局が
　　回答。

出典：総務省「議会制度関連資料」第 31 次地方制度調査会配布資料 2015 年 10 月 2
　　日（総務省 HP から入手）

ができましたが、十分に活用されていません（8章・図表8-3参照）。特別な制度を活用しなくても、議会・委員会・会派から報告者、助言者等としての出席を依頼する形で、外部人材の知恵と情報を活用するように努めるべきでしょう。

　第3に、本会議や委員会の審議の際に、希望する住民等に質問や意見を述べる時間を設けることです。現状では傍聴者がいても、発言する機会はありません。開かれた「協働型議会」をめざすなら、来てくれた住民の方に意見や感想を述べてもらう時間も設けないのは「もったいない」。諸外国の議会では、傍聴者も発言できることは少なくありません（江藤2012：7-）。正式の審議時間内に設けると問題があるとすれば、懇談会に切り換えて実施してもよいでしょう。

　第4に、議員が問題の現場や関係機関を訪問して、ヒアリング調査や意見交換を行うことです。議員は、日頃、地域のイベントや会合に参加して住民の要望を聞いていると思いますし、遠隔地への視察は定例化していますが、今後は、委員会や会派のメンバーで、特定の議案やテーマに関して地域内の現場を訪問し、関係者の話を聞くことを習慣化してはどうでしょうか[24]。

---

[24] 議会の活動として実地調査を行う規定はありませんが、禁止する規定もありませんので、実施すべきです。その点を会議規則に定めてもよいし、もともと相手方の協力を得て行う任意調査ですので、議員個人や会派として実施するなら格別の根拠規定は要しないでしょう。本書注28も参照。なお、委員会については、議長の承認を受けて、審査または調査のために委員を派遣できるという規定があります（標準都道府県議会会議規則73条ほか）。

4 計画案の審議—代替案をぶつける

　では、具体的な議案ごとにどういう審議が必要か、考えましょう。以下、計画案、予算案、条例案の順番に検討します（第2章2参照）。なお、要綱・要領は、執行機関が執行活動にあたって策定するものですので、政策執行の監視の問題として第7章で検討します。

議決事件条例の制定—基本計画を議決事項にする

　多くの自治体は、**総合計画や分野別基本計画**（以下、これらを総称して「基本計画」と呼びます）を定めています。法律で義務づけられている法定計画もあれば、自治体が任意に定める独自計画もあります。

　計画審議の前提として、**議決事件条例**で基本計画の策定に議会の議決を必要とすることが考えられます。地方自治法では、議決を要する事件を15項目挙げたうえで、「前項に定めるものを除くほか、普通地方公共団体は、条例で普通地方公共団体に関する事件（中略）につき議会の議決すべきものを定めることができる」と定めています（96条2項）。図表6-3のとおり、この規定に基づいて39都道府県で74条例が、1,179市区町村で1,559条例がそれぞれ制定されています。この都道府県条例のうち31条例で、総合計画等の行政全般の基本計画を議決事件にしています（総務省2016a）。

　仮にこうした規定がない場合も、基本計画案の段階で議会に説明し、意見を聴く自治体が多いため、そういう機会にしっかりと意見や提案をぶつけることが重要です。

図表 6-3　議決事件を定める条例（96 条 2 項）の制定状況

(2016 年 4 月 1 日現在)

区　　分	制定自治体数	条例数	議決事件の例
都道府県	39 (83.0%)	74 件※	・基本的な計画の策定等（県行政全般に関する基本的な計画、男女協働参画に関する計画、環境保全に関する計画） ・労働委員会の事務部局の職員の定数 ・出資割合 1/4 以上の法人への出資又は出えん　など
市区町村	1,179 (68.6%)	1,559 件	・基本的な計画の策定等（基本計画、都市計画マスタープラン、介護保険事業計画） ・名誉市民、名誉町民の決定、功労者表彰の決定 ・市民憲章、都市宣言 ・姉妹都市、友好都市の提携　など
合　　計	1,218 (69.0%)	1,633 件	―

注：都道府県の条例 74 件のうち行政全般の基本計画を議決事件とする条例は 31 件。
　　市区町村数は 1,718 で計算（2016 年 4 月現在）。
出典：件数は、総務省「地方自治月報 58 号」（総務省 HP から入手）3(2) から著者
　　　作成。議決事件の例は、総務省「地方議会について」地方制度調査会配布資
　　　料 2008 年 6 月 27 日（同総務省 HP から入手）から抽出。

基本計画の審議のポイント

　基本計画の策定等に議決を要する場合は、自治体の意思を決定する議決であるため、法定計画の場合を除いて、首長と議員の両方が提案権を有し、したがって首長提案の計画案であっても議会は修正できると解されます（図表 6-1 参照）。ただし、この点は理論的に十分検討されているわけではなく、異論もありうるでしょう[25]。もっとも、執行機関の情報がなければ実態に合致した計画案をつくることは難しいため、実際には執行機関が提案し、議会が議決するという形で「共同責任」を負うことが望ましいと考えられます。

　基本計画案は通常の文章で表記されており、形式的な決まりもないため、その修正は比較的容易です。自ら議会の議決を要するとした以上、執行機関の提案で

あっても、議会として最適と考える計画に修正し、仕上げる義務があると考えられます。

　基本計画案については、次の点を点検することが考えられます。

〈基本計画案の点検項目〉
① 　計画に目標と手段の両方が記載されているか
② 　目標は検証可能なものになっているか、必要な場合に数値目標が書かれているか
③ 　手段は具体的か、財政支出の裏づけはあるか、支出額の見込みを示しているか
④ 　当該自治体の強み・弱みを反映しているか、他の自治体との比較を踏まえているか
⑤ 　過去の政策評価や基本計画の達成度を踏まえているか

　基本計画の場合、幅広い課題をうまく集約し、美しい言葉で表現されているため、表面的な読み方では「よくできている」と思いがちですが、実際にはデータや実例も調査しないで単なる「作文」で済ませていたり、具体策や財政支出も検討しないで数値目標を掲

25 基本計画の策定が本来、執行権に属するものであり、その前提として議会の議決を条件にしたものだとすれば、提案権は首長のみに属すると解されますが、基本計画は個別的な事務処理ではなく抽象的・一般的な方針を定めるものであるため、本来、執行権に属するとはいえず、制度上は議員による提案も可能と解されます。全国町村議長会 2012：52 も、議決事件とされた場合に「市町村の基本構想については、長及び議員双方に提案権がある」としています（基本計画一般について提案権があるかは不明）。ただし、都市計画等の法定計画の場合（法律で首長等が策定するとしている場合）は、本来の策定権は首長等にあり、その原則を議決事件条例で変更することはできない（14 条 1 項）ため、提案権は首長等にあり、議会の修正は提案の趣旨を損なわない範囲に限定されると解されます。

げている場合が少なくありません。そこで、計画に基づいて実際に何をやるのか、それによって何が変わるのか、そのためにどれだけの費用がかかるのか、といった点をシビアに点検することが必要です。その際、代替案を用意して提示することが重要でしょう。

5 予算案の審議—修正権を活用する

予算案の主要事業の内容をつかむ

次に予算案の審議です。毎年度、当初予算と補正予算の議決が想定されるため、議会にとって最も頻度が高く、かつ現実的な効果につながるのが予算案の審議です。予算案の作成は首長の権限ですが、議決権・決定権はあくまで議会にあります（第2章2参照）。従来は、予算編成権が首長にあることや予算案の内容を細かく把握することが難しいため、議会の審議は受け身になりがちでしたが、議会には修正を含めて最適な予算案に仕上げる権限と責任があります。厳しい言い方ですが、この議員としての最も基本的な責任を担う知識も覚悟もないのであれば、議員選挙に立候補すべきではないでしょう。

予算案として、議会には「予算書」と「予算に関する説明書」が提出されますが（211条2項）、これらは費目ごとに歳出額・歳入額が示されているだけですので、これ以外に主要事業説明書や予算要求資料（所管課から財政担当課や首長に提出された資料）の提出を求めて、その内容を把握する必要があります[26]。

また、本章2で述べたとおり、予算案を待つだけでなく、予算編成の時期に議会として「○○年度予算編

成に関する意見」を決定（決議）し、もしその趣旨を反映していない予算案が提出されれば、否決または修正するという姿勢で臨むことが考えられます[27]。

予算案の議決対象はどこまでか

そもそも予算案の議決対象はどこまででしょうか。

歳出予算は、款・項・目・節の４段階で構成されています。このうち**款**は、1.議会費、2.総務費から14.予備費まで14項目に区分され、**項**は、議会費、総務管理費、徴税費などに区分され、**目**は、議会費、事務局費、一般管理費などに区分されています。以上は「目的別」の区分ですが、最後の**節**は、報酬、給料、職員手当など「性質別」に区分され、款・項・目の違いにかかわらない共通の区分になっています（以上、図表6-4参照）。

このうち議決の対象になる**議決科目**は、「**款・項**」の２つとされ（216条）、それ以下の「**目・節**」は議決を要しない**執行科目**とされています（地方自治法施行令150条１項３号）。款・項というと、かなり大きな区分であり、実務的には目・節の内容が重要なのですが、款・項の歳出額の妥当性を説明するには目・節の項目と歳出額の妥当性を示す必要がありますし、目・節の歳出額を変えようとすると款・項の歳出額に

---

[26] 執行機関内の予算査定では、少なくとも新規事業については事業内容を示した資料が作成されているはずですし、議決後に住民向けに予算内容をわかりやすく示した冊子を公表する自治体も増えていますので（ニセコ町『もっと知りたい今年の仕事』など）、予算案の段階で主要事業の内容がわかる資料が提出されることが重要です。

[27] 佐藤・八木1998：193（野村稔）は、会派としての対応ですが、予算案の提案後では修正することが困難であるため、「予算編成前に長に対し会派の政策を申し入れ、それを予算に反映させる方法を採ればよい」と提案しています。

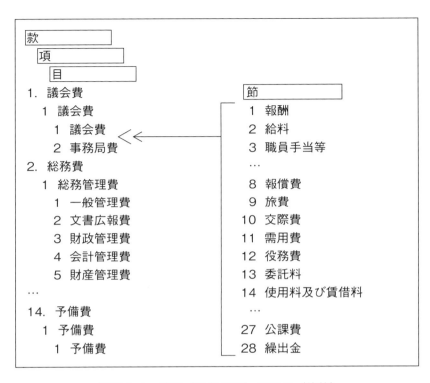

図表6-4　予算（歳出予算）の項目（抜粋）
出典：定野司『図解よくわかる自治体予算のしくみ』学陽書房、2010年、146-151頁から抜粋

連動しますので、議会による統制には相当の意味があるといえます。

議会による予算案の修正はどこまで可能か

では、予算案の修正はどこまで可能でしょうか、またどう修正すればよいでしょうか。

予算の「減額」は予算の一部を否決することと同じですので、全部の否決が認められる以上、どんなに大幅な減額でも認められます。問題は予算の「増額」です。地方自治法では「議会は、予算について、増額してこれを議決することを妨げない」と認めつつ、「但

し、（中略）長の予算の提出の権限を侵すことはできない」と定められています（97条2項）。

　ここで「長の予算の提出の権限を侵す」とは、「長が提出した予算の趣旨を損なうような増額修正を行うことをいう」と解され、その判断は、「増額修正をしようとする内容、規模、当該予算全体との関連、当該地方公共団体の行財政運営における影響度等を総合的に勘案して、個々の具体の事案に即して判断すべき」とされています（総務省通知1977・10・3）。たとえば、提出された予算案に新たな款・項を加えること、継続費、繰越明許費、債務負担行為等に新たな事業、事項を加えることは、原則として発案権の侵害となると解されています（松本2015：375）。前述のとおり予算（歳出予算）は、款・項・目・節で編成されますが、款・項はかなり大きな区分ですから、これを加えるような修正が必要になることはほとんどありません。この制限は、過度に心配する必要はないといえるでしょう。

　これらを踏まえて、提出された予算案に対して議会として問題があると考える場合は、次のような対応をとることが考えられます。

〈予算案変更の3パターン〉

　A：款・項の変更が必要ない場合→執行段階で目・節を変更するよう求める（その修正案を示す、付帯決議を行うなど）

　B：款・項の変更が必要な場合（款または項の歳出額の変更を要する場合）で、首長による修正が期待できるとき→首長に予算案の組み替え・再提出を求める（組み替え動議を可決する）

　C：款・項の変更が必要な場合（款または項の歳出

額の変更を要する場合）で、首長による修正が期待できないとき→議会として款・項の歳出額の修正を行う（あわせて目・節の修正案を示す）

たとえば、保育園の増設を図るには、
　民生費（款）－児童福祉費（項）－児童福祉総務費（目）－負担金補助及び交付金（節）
という一連の費目の増額（あわせて他の費目の減額）が必要になります。そこで、児童福祉費（項）の歳出

図表 6-5　予算修正案の記載例（道路改良費の増額修正の場合）

議案第○号平成○年度○○町（村）一般会計予算に関する修正案

議案第○号平成○年度○○町（村）一般会計の一部を次のように修正する。
第1条中「3,423,456千円」を「3,426,456千円」に改める。
第1表歳入歳出予算の一部を次のように改める。
（歳入）

款	項	金　額
15　諸　収　入		33,000千円 ~~30,000~~
	7　雑　入	18,000 ~~15,000~~
歳　入　合　計		3,426,456 ~~3,423,456~~

（歳出）

款	項	金　額
8　土　木　費		527,000千円 ~~524,000~~
	1　道路橋りょう費	220,000 ~~217,000~~
歳　出　合　計		3,426,456 ~~3,423,456~~

注：道路改良費を300万円増額する場合、この修正案（款項）では表示されないため、「予算修正に関する説明書」において、道路橋りょう費のうち「道路改良費」を300万円増額することを記載する（ただし説明書は議決対象ではない）。

出典：全国町村議会議長会編『議員必携（第10次改訂新版）』学陽書房、2015年、247頁を一部修正

額を変えず目・節の歳出額を増減させれば済む場合は、Aにより首長の対応を求め、児童福祉費（項）の歳出額の増額が必要となる場合は、Bにより首長の対応を求めるか、Cにより議会自身で修正することが考えられます。図表6-5では、参考までに道路改良事業の増額を例とした予算修正案の記載例を掲げました。

このように予算案の修正の場合、予算体系上の位置づけに注意する必要がありますし、歳出額のやりくり（増額と減額の組み合わせ）が必要なので、やや面倒ですが、基本計画などと異なり翌年度（補正予算の場合は当該年度）から具体的な効果が生じますので、努力するだけの価値はあります。

主要事業の有効性と効率性を評価する

予算案の審議にあたっては、主要な事業について次の点検を行うことが考えられます。

〈予算案の点検項目〉

① 当該事業によってどれだけの効果（アウトプットとアウトカム）があると予測しているか、この予測は適切か

② 当該事業についてより効果を挙げるために改善すべき点はないか、支出額を増額する必要はないか（以上、有効性）

③ 当該事業の支出額について、適切に積算されているか、積算の根拠は適切か

④ 当該事業の支出額をより抑制するために改善すべき点はないか、支出額を減額する必要はないか（以上、効率性）

⑤ 当該事業が総合計画などに位置づけされている

か、総合計画との整合がとれているか

⑥　過去の決算時の意見や政策評価（事業評価）の結果を反映しているか

　政策評価の5つの基準でいえば、①②は有効性、③④は効率性に関する点検項目です。したがって、点検の中心は「費用対効果」（いわゆるコスパ）の評価ということになります。

　予算案の内容は膨大であり、しかも数字が中心ですので、どこから検討してよいかわからないという議員も少なくないと思いますが、所属する委員会所管の事業や関心のある分野に絞ってもよいので、事業内容を示す資料を要求して、「この支出額に見合う効果があるのか」といった疑問を執行機関側にぶつけてみるとよいと思います。委員会では、質疑を踏まえて委員間で意見交換を行うことも重要です。実は執行機関側も、国の補助要綱や前例に従って予算化しているだけで、事業効果などを十分に検討していないことが多いため、内容に立ち入って質問してみることが必要です。

　以上では、**歳出予算**について検討してきましたが、**歳入予算**については税収見込み、地方交付税の根拠等をただしていくことが考えられます。

6　条例案の審議―議員提案権を活用する

条例案の提案方法には4種類ある

　条例案の提案には、議員による提案、委員会による提案、首長による提案、住民の直接請求の4種類があります。それぞれの要件を確認しておきましょう。

第1の**議員提案**の場合は、議員定数の12分の1以上の賛成が必要です（112条2項）。この要件は、この程度の賛同もなければ成立の可能性は低いことから、議事の合理的な運用のために設けられたとされています。現行制度の下では、会派でまとまって提案したり、研究会等の横断的なグループで提案するとよいでしょう（第8章2参照）。

　第2の**委員会提案**の場合は、議決事件のうちその部門に属する当該自治体の事務に関するものを提出できますので（109条6項）、所管事項に属する条例案であれば、常任委員会でも特別委員会でも委員会の議決によって提出できます。

　第3の**首長提案**の場合は、特別の要件はありません（149条1号）。教育委員会等の他の執行機関の所管事項に属する条例案であっても、首長が提案するものとされています。

　第4の**住民の直接請求**の場合は、有権者の50分の1以上の連署によって請求することが必要です。この請求があると、首長は20日以内に議会を招集し、意見を付けて議会に付議することになります。議会は審議にあたり、請求を行った住民の代表者に意見を述べる機会を与えなければなりませんが（74条1項、3項、4項）、制定するか否かはあくまで議会が判断することになります。

　条例案は、上記のいずれの主体も提案できるのが原則ですが、議会の内部事項に関する条例（委員会設置条例など）については、首長は提案権を有しないと解されていますし、逆に執行機関の組織に関する条例（部課設置条例、支所・出張所設置条例など）については、議員・委員会は提案権を有しないと解されてい

ます（おおむね条文上「長は、条例で……」と規定されていれば長に、「議会は、条例で……」と規定されていれば議会に、それぞれ提案権が専属すると解されています。全国町村議会議長会2015：192参照）。

議会は条例案をどう審議すべきか

もともと議会は条例制定権を有しており、議員または委員会として提案権も有しているため、条例案の修正に制限はありません。ただし、前述の部課設置条例と支所・出張所設置条例については議会側に提案権が求められていないため、提案の趣旨を損なうような修正はできないと解されています（全国町村議会議長会2015：209）。また、議会が首長提案の条例案を修正して議決した場合に、首長がこれに異議があれば再議に付すことが可能であり、議会は出席議員の3分の2以上の同意がなければ同じ議決をすることはできません（176条1～3項）。この場合は原案を否決するしかないでしょう。なお、条例案を修正する必要がない場合でも、「**付帯決議**」を行って執行の際の配慮や将来の見直しを促すことは有意義でしょう。

条例案に対しては、政策評価の基準（第2章3参照）に基づいて点検することが考えられます。ここでも有効性と効率性が基本ですが、条例案の場合は公平性や適法性についても点検する必要があります。特に適法性については、法的検討の3つのハードル（第5章3参照）に基づいて検討することが考えられます。逆に、自らが提案議員のひとりとして条例案を提案した場合は、これらの観点から説明責任を果たす必要があります。

議員提案条例は増えているか

　議員提案条例の状況はどうなっているでしょうか。

　少し古いデータですが、2006 年の 1 年間（町村は06 年 7 月〜 07 年 6 月）に、都道府県では 3,500 件の条例案が提出されましたが、そのうち議員提案は 196件（5.6％）でした。市区では 39,419 件のうち 1,493 件（3.8％）、町村では 27,228 件のうち 1,745 件（6.4％）でした（総務省 2008）。この割合は、1990 年代は概ね1 〜 3％程度でしたので（礒崎 2012：246 参照）、かなり増加しています。もっとも、議員提案条例は首長提案に比べて否決の割合が高いことも特徴です。少数会派からの提案が多いことがうかがわれます。

　もっとも、この件数には議会・議員に関する条例案も含まれています。これを除いた条例（**政策条例**）に絞って、2009 年度から 7 年間の議員提案条例の状況をみると、図表 6-6 のとおり、都道府県では 257 件（議員 222 件、委員会 35 件）、市町村では 1,130 件（議員 1,012 件、委員会 118 件）となっています。7 年間という限られた期間ですが、特に市町村では制定数が増加傾向にあります。

　こうした議員提案条例はどのような分野に多いのでしょうか。図表 6-6 のとおり、都道府県の場合は、暮らし関連 108 件（48.6％）、地域振興 52 件（23.4％）、人づくり関連 32 件（14.4％）と多くなっています。地域づくり（ハード施策）よりも暮らしづくりや人づくり（ソフト施策）の分野が多くなっています。ただし、2009 〜 12 年度に「歯と口の健康づくり条例」や「がん対策条例」が全国的に制定されましたので、これも影響していると考えられます。

　市町村の場合は、地域振興が 163 件（28.0％）、地域

図表 6-6　議員提案条例（議会関係条例を除く）の状況　（2009 〜 2015 年度計）

区　分		都道府県		市区町村		合　計	
提案件数	議　員	222	（86.4%）	1,012	（89.6%）	1,234	（89.0%）
	委員会	35	（13.6%）	118	（10.4%）	153	（11.0%）
	合　計	257	（100%）	1,130	（100%）	1,387	（100%）
議決件数	原案可決	220	（85.6%）	538	（47.6%）	758	（54.7%）
	修正可決	2	（0.8%）	44	（3.9%）	46	（3.3%）
	否決その他	35	（13.6%）	548	（48.5%）	583	（42.0%）
分野別 可決件数	1)　自治条例	0	（0.0%）	46	（7.9%）	46	（5.7%）
	2)　基本条例	3	（1.4%）	18	（3.1%）	21	（2.6%）
	3)　地域条例	12	（5.4%）	108	（18.6%）	120	（14.9%）
	4)　振興条例	52	（23.4%）	163	（28.0%）	215	（26.7%）
	5)　暮らし条例	108	（48.6%）	104	（17.9%）	212	（26.4%）
	6)　人づくり条例	32	（14.4%）	53	（9.1%）	85	（10.6%）
	7)　税条例	3	（1.4%）	4	（0.7%）	7	（0.9%）
	8)　その他	12	（5.4%）	86	（14.8%）	98	（12.2%）
	合　計	222	（100%）	582	（100%）	804	（100%）

注：議員提案条例のうち「議会・議員に関するもの」を除外した件数である。分野別
　　可決数は次により区分した。1)　自治条例＝自治関係条例（自治基本、住民参加、
　　住民投票等）、2)　基本条例＝分野別基本条例（基本条例という名称に限定）、3)
　　地域条例＝地域づくり条例（都市計画、環境、公共施設等）、4)　振興条例＝地域
　　振興条例（地域振興、産業育成、コミュニティ等）、5)　暮らし条例＝暮らしづく
　　り条例（福祉、衛生、防災・防犯等）、6)　人づくり条例＝人づくり関連条例（子
　　育て、教育、人権等）、7)　税条例（法定外税、税の減免等）、8)　その他（行政統
　　制、職員人事等）。分野区分は礒崎 2012：29-48 を参照。

出典：総務省「地方自治月報」56 号〜 58 号（2009 〜 2015 年度）「議員提案による条
　　　例に関する調」（総務省 HP から入手）から筆者作成

　づくりが108件（18.6%）、暮らし関連104件（17.9%）
と、比較的、地域づくり（ハード施策）の分野が多い
こと、人づくり、自治関連など多様な分野で制定され
ていることが特徴です。ただし、地域振興条例の中に
は、近年ブームとなっている「乾杯条例」が含まれて
いることや、地域づくり条例の中に空き家対策条例が
含まれていることに留意する必要があります。
　しばしば議員提案条例には理念条例や宣言条例が多

いと指摘されますし、私自身、首長や議員が自らの実績にするために制定する「**アクセサリー条例**」が少なくないことを指摘しましたが（礒崎 2012：48 参照）、このように個別にみると、相当程度、地域の課題に対応して議員提案条例が制定されていることがわかります。

政策執行を監視・評価する〈執行・評価〉

　ここまで課題設定→立案→決定と検討を進めてきましたが、この後、執行→評価という2段階が残っています（図表2-6参照）。このうち執行段階は執行機関の活動が中心になりますが、議会はこれを点検・監視する責務を負っています（行政監視機能）。また評価段階は、これまでは執行機関による評価（自己評価）が中心でしたが、今後は議会が評価主体になるべきだと考えられます。議会の立場からみると、執行活動の監視と評価活動は連続的・一体的な作業になりますので、ここではひとつの章にまとめて検討しましょう。

1　執行状況の点検・監視—6つの点検事項

　政策の執行は、具体的には計画、予算、法律・条例に基づく事務事業の執行という形をとることになります。これについては、次の点を点検することが重要です。

　第1に、計画や法律・条例などの抽象的な政策（政策・施策レベル）については、そのために具体的にどういう事務事業を実施しているかを点検する必要があります。たとえば総合計画や子ども子育て支援事業計画で「多様なサービスによって子育て家庭を支援します」といった抽象的な方針が掲げられている場合に、これを実現するためにどういう事業を実施しているかを把握し、それで十分か、異なる事業は考えられないかを点検する必要があります。

第2に、要綱・要領が定められているか、その内容が適切かを点検することが考えられます。要綱・要領等の作成は執行機関の権限ですが（第2章2参照）、多くの執行活動は直接的にはこうした具体的規程に基づいて実施されていますので、執行状況の点検ではこれらに注目することが効果的です。要綱・要領の中には、国が提示しているものもありますが、一部の例外（法定受託事務に対する処理基準）を除いて法的拘束力は認められず、あくまで参考資料です。したがって、これに従っている場合でも、なぜ国の基準に従うのか、地域的な特性を考慮しなくてよいか等について確認する必要があります。

　第3に、個別の事務処理が法律・条例や要綱・要領で決められた基準や手続に基づいているかを点検する必要があります。この場合、処理件数等の基礎データを確認し、問題となる事例については資料の提出を求めて、対応の適否を検討することが考えられます。特に許認可等の規制政策については、違反事案がどの程度あるか、それに対してどういう対応をしているか（ザル法になっていないか）を点検することが重要です。また補助金等の給付政策については、給付された主体や機関が的確な取組みをしているか、それによってどのような効果が生まれているかを点検・評価することが重要です。

　第4に、組織、職員などの執行体制が適切かを点検する必要があります。特に新しい法律・条例の施行については、どの部課が担当するか、何人の担当職員を置くか、予算をどれだけ確保しているか等を検討する必要があります。執行体制が不十分では困りますが、過大な費用をかけることもできませんので、必要かつ

十分な体制を整備しているかを点検することがポイントになります。

第5に、事務事業の費用（コスト）がどうなっているか、過大なものになっていないかを点検する必要があります。予算の場合は支出額が定められていますが、行政計画や法律・条例の場合は費用が明確ではないため、予算上の事業とのつながりを含めて担当課への照会や調査が必要です。その結果、費用対効果（コスパ）がよくないとすれば、見直しを求める必要があります。

第6に、事務事業の執行にあたり住民参加・住民協働の努力がなされているか点検することが考えられます。もちろんそうした可能性のない事務事業もありますが、可能な場合には住民参加・住民協働を進めることが重要です。たとえば、保育園を建設する場合に、利用者となる住民や影響を受ける近隣住民と協議を行うことや、ごみ屋敷対策を行う場合に、自治会等と協力しながら進めることが考えられるでしょう。

2 点検・監視の具体的方法

以上のような点検・監視をどのような方法で行うべきでしょうか。

第1に、本会議における**一般質問**や委員会における質疑を通じて、執行状況について執行機関の説明や資料提出を求め、問題があればその是正を求める方法です。これは議員個人や会派として行使できる手段であり、最も日常的な方法でしょう。

第2に、本会議または委員会において、現地視察に出かけて現場で実情を調べたり（98条との関係につ

第7章　政策執行を監視・評価する〈執行・評価〉

107

き後述参照）、**参考人**（115条の2第2項）を呼んで執行状況について意見を求める方法です。たとえば、福祉施設を訪問して事業者に運営補助費の実情や課題を聴いたり、自治会役員に地域防災の取組みについて意見を聴くことが考えられます。なお、議員個人あるいは会派として実地調査等を行うことも、根拠規定はありませんが、積極的に実施すべきです（政務活動費の使用が可能。100条14項）。

第3に、議会の**検査権**（98条1項）や**調査権**（100条1項）を活用して、書類の検閲、報告の請求、関係人の証言等によって執行状況を点検する方法です。これらは議会全体の権限ですので、行使するには議会の議決が必要ですが、特定のテーマや事案について調査する際には重要な権限となります。首長の不祥事など特別な事案が生じた場合の権限のように扱われて、あまり活用されていないのですが（図表7-1参照）、98条の検査権はもっと柔軟に活用すべきでしょう[28]。これに対して100条の調査権は、強制力のある手段ですので、重大な問題がある場合の方法といえるでしょう。議員の派遣制度（100条13項、委員の派遣に関する標準都道府県議会会議規則73条ほか参照）も活用できます。

第4に、**監査委員**に対して執行事務に関する監査を求め、その結果の報告を請求する方法（98条2項）です。これは議会の質疑応答だけでは事実関係がわからず、実地検査や書類の精査を必要とする場合に、専

---

[28] 議会の検査（98条）は「あくまでも書面による検査であって、実地調査は許されない」とされていますが（松本2015：377。地方制度調査会2009：26も参照）、実地調査の根拠規定はないものの、禁止する規定もないため、98条とは別の一般的調査として実施することが考えられます。

図表 7-1　地方自治法に基づく議会の検査等の状況　　　（2003 〜 2007 年度）

区　　分	98 条に基づく検閲・検査・監査の状況				100 条に基づく調査	
	団体数	件　　数	内　　訳		団体数	調査事項数
			検閲・検査	監査の請求		
都道府県	3 (6.4%)	4 [0.09 件]	1 [0.02 件]	3 [0.06 件]	4 (8.5%)	5 [0.11 件]
市区町村	57 (3.2%)	129 [0.07 件]	103 [0.06 件]	26 [0.01 件]	110 (6.1%)	137 [0.08 件]
合　　計	60 (3.2%)	133 [0.07 件]	104 [0.06 件]	29 [0.02 件]	114 (6.2%)	142 [0.08 件]

注：2003 年 4 月から 2007 年 3 月までの状況であり、速報値である。団体数中の
　　（　）内は実施団体の割合を示し、件数中の ［　］内は各団体区分ごとの平均
　　件数を示す。
出典：総務省「地方議会について」2008 年 6 月 27 日地方制度調査会配布資料（総
　　務省 HP から入手）

　門家たる監査委員を活用する方法です。
　　以上の点検・監視の結果、執行状況に問題がある場
合には、議会の審議を通じて執行機関に是正を求める
とともに、予算・決算等の議決の際に考慮することが
考えられます。さらに重大な問題があるときは首長の
不信任議決（178 条 1 項）もありうるでしょう。

3　政策の執行状況の評価

議会こそ政策評価に取り組むべき

　　次に、第 5 段階の**政策評価**に進みましょう。ここで
は、単なる点検でなく、政策−施策−事業の体系（図
表 2-1 参照）を意識しつつ、いずれかのレベルの成果
を政策評価の 5 つの基準（第 2 章 3 参照）に基づいて
評価する必要があります。体系的・総合的な評価を行
うとすれば、まず事業レベルを評価し、それを踏まえ
て施策レベルを評価し、それを踏まえて政策レベルを

評価するという積み上げ型の作業が必要になります。

　政策評価は、1990年代からいくつかの自治体で導入され、現在では多くの自治体で実施されていますし、国でも政策評価法（2002年施行）に基づいて省庁ごとに評価を実施しています。しかし、多くは政策を執行した機関が行う「**自己評価**」にとどまっており、客観的・中立的な評価になっていません。そもそも執行機関は首長をトップとするヒエラルキー組織であり、組織の方針や利益に反するような評価を行うことは困難です。そこで、住民の代表機関であり、かつ多様な意見を吸収できる合議制機関の議会こそ、政策評価の主体としてふさわしいと考えられます（広義の**第三者評価**）。

　議会が政策評価を行うことは、行政監視機能の発揮と考えられますが、それを踏まえて政策の見直しを行うこと（**政策サイクルを回すこと**）に意味がありますので、政策形成機能としても重要です。そもそも政策づくりは、白いキャンバスに絵を描くようなものではなく、実施中の政策を少しずつ見直してよりよい政策に改善していくものです。その意味で、政策評価は政策づくりの要になるものであり、議会の政策形成機能の中核に位置づけることができます。

実際にどういう項目を点検すべきか

　では、実際にどういう形で点検・評価を行うべきでしょうか。

　政策評価には5つの基準が考えられますが（第2章3参照）、それぞれどういう項目を点検・評価すべきかについて、規制政策と給付政策に分けて例示したのが図表7-2です。実際に点検・評価を行う場合は、こ

れを参考にして質問事項を準備し、担当課にヒアリングをしたり、資料提出を求めることが考えられます。

　政策評価では、できるだけ件数、決算額などのデータによって評価すること（**定量的評価**）が望ましいですが、担当課もすべてのデータを把握できるわけではありませんので、担当職員の認識や利用者のアンケート・意見など言葉で評価すること（**定性的評価**）も必要になります。きちんとした調査にはコストがかかり

図表 7-2　政策評価の具体的な点検項目（例示）

評価基準	規制政策の場合	給付（サービス）政策の場合
①必要性	・問題状況は現在も継続しているか ・規制の目的は現時点でも適切か ・施行後、新しい法律や代替できる制度がつくられていないか	・補助金や施設は現在でも必要か ・補助金や施設の目的は現在も適切か ・施行後、新しいサービスや競合する施設がつくられていないか
②有効性	・規制の存在は周知されているか ・許認可や届出等の手続がどれだけ行われているか ・違反行為がどれだけあるか、パトロールや是正措置を実施しているか ・解決すべき問題がどれだけ減少したか、状況が改善しているか	・補助金や施設がどれだけ利用されているか、住民等に周知されているか ・補助金や施設によって対象者の活動がどれだけ促進（支援）されているか、相手の役に立っているか ・解決すべき問題がどれだけ減少したか、状況が改善したか
③効率性	・規制のためにどの程度の経費（職員人件費、事務費等）を要しているか ・経費を抑制する方法はないか ・規制される住民・事業者はどのような負担を受けているか ・より規制的でない方法はないか	・給付のためにどの程度の経費（補助金額、施設運営費等）を要しているか ・従事する職員は何人か、人件費はどの程度か ・経費を抑制する方法はないか、支給基準や施設運営を見直す余地はないか
④公平性	・特定の住民や事業者に過大な負担を押し付けていないか ・規制される者と利益を得る者の差異が合理的か	・特定の住民や事業者に過大な利益を提供していないか、必要な自己負担を求めているか ・税金で提供することが合理的か
⑤適法性	・訴訟や不服審査が出ていないか ・新たに制定された法律等に抵触していないか	・違法な支出にならないか、（将来の）住民訴訟に耐えられるか

出典：著者作成

ますので、ある程度の情報を前提としてとりあえず評価してみること、そしてそこから改善策を見出すことが、評価作業のポイントになります。

　以下では、計画、予算、条例の順に、①どの段階で、②誰が、③どういう評価を行い、そして④その結果をどう生かすかについて、考えていきましょう。

計画（自治体計画）の成果をどう評価するか

　計画の評価については、計画期間の満了時（3 ～ 10 年）に行うことが考えられます。特に計画中の目標は、期間満了時に実現すべき目標を掲げているため、満了時に評価するのが原則となります。ただ、満了時の評価では、その結果を政策内容や執行方法の改善につなげられないため、簡易な形でも、中間年度または毎年度に補完的な評価を行うことが望ましいでしょう。

　評価の主体・場ですが、総合計画は企画所管の常任委員会、分野別基本計画は各所管の常任委員会がふさわしいでしょう。内容によっては特別委員会も考えられます。これらの委員会で評価結果をまとめて本会議に報告するとともに、必要により本会議で討議し、議会としての評価結果とすることも考えられます。

　評価の基準としては、有効性と効率性が重要になります。「有効性」については、アウトプットだけでなくアウトカムの評価を試みることが大切です（第2章4参照）。特に基本計画では、政策－施策－事業の体系が示されるのが通常ですので、事業レベルは行政上の成果であるアウトプットを評価するとしても、施策や政策のレベルについては社会上の成果であるアウトカムを把握して評価することが考えられます。

一方、「効率性」については、行政計画上の事業の費用を予算（決算）上の事業を積み上げる形で集計するとともに、そこに含まれない人件費等を加えて算出することが考えられます。実際には執行機関に算出するよう要請し、議会はそれを点検することになるでしょう。

　最後に、こうして得られた評価結果をどう生かすかですが、計画期間途中の評価結果については実施中の事業の進め方や直近の予算に反映し、期間満了時の評価結果については次期の計画や今後の予算に反映することが考えられます。

予算の成果（決算）をどう評価するか

　予算の評価については、原則として決算の評価を行い、その結果をもとに認定を行うことになります。決算とは、歳入歳出予算の執行の実績を示す計数表のことです（決算については磯野 2010 参照）。歳入歳出行為が予算に基づいて適正に実施されたことを確認し、財政の民主的統制を確保するために重要なものです。自治体では予算の方が重視され、決算は軽視されがちですが、予算はあくまで見積もりであるのに対して、決算は実際の執行活動を正確に示すものですので、議会が行政監視機能を果たすには決算も重視すべきです。

　決算は、次の手続を経て作成され、議会の認定により確定することになります（233 条）。

【決算の手続】

　① 会計管理者：決算を調製し、出納閉鎖後３か月以内に関係書類を付して首長に提出

↓

② 監査委員：首長から付された決算と関係書類を審査し、意見を決定

↓

③ 首長：上記の決算を監査委員の意見と必要書類（主要な施策の成果を説明する書類など）を付けて議会に付議【9月議会または12月議会】

↓

④ 議会：決算を審査し認定／不認定の議決（不認定の場合も収支の効力に影響なし）【12月議会または2・3月議会】

　決算の審査は、決算特別委員会等に付託されることが多いと思われます。予算に基づいているか、相互に不整合がないかといった適法性の審査は、会計管理者と監査委員が行っているのですから、議会は政策的な観点から審査することが重要です。そこで、決算審査の過程で主要事業の政策評価を行い、有効性と効率性を中心に、予算事業のあり方を検討すべきでしょう。「有効性」の評価にあたっては、アウトプットの評価だけでなく、基本計画とも連動させてアウトカムの評価にもつなげることが望ましいでしょう。「効率性」の評価にあたっては、費用のかけ方が適切だったか、もっと安価な方法はなかったか、人件費（予算では事業とは別に編成）も念頭に置いて評価することが重要です。

　決算特別委員会の各議員が協力してこうした検証・評価を行い、委員会としての評価結果をまとめることが重要です。問題が大きいとすれば、議会として決算を「不認定」とする必要があります。ただ、政策評価

はよりよい政策をするための作業ですので、進行している当該年度の予算執行や次年度の予算編成に反映させることが重要です。

　なお、本書では十分に検討する余裕がありませんが、財務に関しては**公共施設（公の施設）**のあり方も重要な課題です。近年、指定管理者制度やPFI制度などが導入されていますので、その効果を点検・評価することが重要になります。人口減少の時代には、公共施設のリニューアルや統合廃止が必要になりますので（第1章1参照）、議会としても総合的に論議してはどうでしょうか。

条例の成果をどう評価するか

　条例には、法律の委任条例も多いため、政策評価の対象としては、政策的な目的をもつ**政策条例**に限定してよいでしょう[29]。評価の時期については、制定時から5年ごとに評価するなど、時期を決めて評価することが考えられます。毎年度、5〜10件の条例が対象になるとすれば、執行機関側から必要なデータ・事例を提出させたうえで、特別委員会等で集中的に評価し、その結果を公表することが考えられます。

　評価の基準については、ここでも有効性と効率性を基本としつつ、必要性、公平性、適法性を含めるとよいでしょう。まず有効性については、条例の施行によってどれだけ目標が実現できているか、問題解決につながっているかを評価する必要があります。その際、定量的に評価することが望ましいのですが、条例

---

[29] 条例評価については、執行機関側の評価ですが、神奈川県の「神奈川県条例の見直しに関する要綱」（2008年）、北海道の「条例の見直しに係る基本方針について」（2008年）に基づく定期的な見直しが参考になります。各HPを参照。

の目標は多様かつ抽象的なことが多いため、定性的な評価としつつ、事例を確認するなどできるだけ事実に基づいた評価になるよう工夫したいものです。また規制的な内容の場合、違反行為の把握やそれに対する措置も評価材料にすべきでしょう。また効率性については、条例執行のための人件費や事務費を把握して、過度な費用を要していないか検討する必要があります。

　条例は、予算や計画と異なり、時限法でない限り期限の定めのない政策ですので、制定時からの状況の変化を踏まえた点検・評価が求められます。まず時代の変化にあわせて必要性が乏しくなっていないかを点検し、乏しくなった条例は廃止を含めて検討する必要があります。また公平性も、制定時には予想できない問題が生じることもありますし、適法性についても法令や判例が変わることもありますので、点検が必要でしょう。

　以上により、見直しが必要だということになれば、議員提案で条例の改正または廃止の議案を提出するか、執行機関に検討を求め首長提案で同様の議案を提出するようにすることが考えられます。

議会の政策体制をつくる

　以上、政策づくりについてプロセスごとに検討してきましたが、実際にこうした取組みを進めるには、それを担う体制をつくることが不可欠です。体制づくりの課題としては、①議員の政策能力の向上、②議会内の政策検討の習慣づくり、③外部人材の活用・連携、④事務局の体制整備を挙げることができます。順に検討しましょう。

1 議員の政策力の向上

政策力がなければ議員は務まらない！
　議会の政策づくりを担う主役は、いうまでもなく議員です。個々の議員が「政策力」を持たなければ、政策づくりを進めることはできません。
　自治体職員は、採用試験で一定の知識や能力を実証された者が採用されますが、議員は選挙で選ばれますので、政策に関する知識や能力が実証されているわけではありません。むしろ代表機関としては、住民に近い意識や生活感覚を持っていることが重要であり、その意味で「専門家の支配」よりも「**良き素人による統制**」（レイマン・コントロール）が求められていると考えられます。
　しかし、「良き素人」だからといって政策力がなくてよいわけではありません。特に現在の自治体は、広範かつ複雑な政策課題を抱えており、その代表機関に

は巧みな地域経営が求められています。とすれば、「良き素人」であることを基礎としつつ、同時に政策力を身につける必要があります（第10章1で述べる「アマ型議会」でも一定の政策力は必要です）。

　議員の中には、選挙で選ばれた以上、必要な能力や識見を有しているはずであり、勉強や研修は必要ないと考える方がいるかもしれませんが、それは誤解です。政策問題は複雑ですし、社会とともに変化しますので、政策決定を担えるだけの知識と能力が不可欠であり、絶えず勉強し続ける必要があります。むしろ有権者は、議員としての「自己努力」と「伸びしろ」に期待して投票していると考えるべきでしょう。

　議員仲間では政策力よりも調整力や人間関係が重視されるかもしれませんし、執行機関の職員は議員の的外れな質問にも誠実に答えますので、議員が政策力強化を迫られる機会は少ないかもしれません。しかし、「政策に強い議会」に脱皮するには、個々の議員の政策力が決定的に重要になります。

政策力とは何か―基礎知識、実務知識、応用力

　「政策力」と一言で言ってきましたが、それは、①**政策の基礎知識**（政策の視点や枠組みに関する知識）、②**政策の実務知識**（個別の政策分野や行政実務に関する知識）、③**政策問題への応用力**（問題を分析し対応策を考える力）の3つに大別できます。

　①の基礎知識は、政策の問題を考える際の視点、概念、枠組みに関する知識です。学問としての政策研究・政策学では、複雑な政策現象を説明するための概念やモデルを議論していますが、実務では自分が問題を考える際に常に依拠できるような視点や枠組みを獲

得することが重要です。本書でめざしているのも、そうした視点や枠組みです。

　②の実務知識は、環境、福祉、教育など個別の分野ごとの法制度や政策課題や実務対応に関する知識です。政策をつくったり、執行状況を評価したりするには、個別分野に関する最低限の知識が必要です。たとえば、福祉分野でいえば、高齢者介護には介護保険制度があり、市町村の要介護認定を受けて都道府県の指定を受けた事業者と契約してサービスを受ける仕組みになっているといった基本的な知識がないと、高齢者の問題を議論することができません。自治体職員なら仕事の中で自然に身につく知識ですが、議員の場合はどこかの段階で勉強しておく必要があります。といっても、すべての分野を勉強することは難しいので、自ら属する常任委員会の所管分野など特定の分野から勉強してみてはどうでしょうか。

　③の応用力は、現実の政策問題を分析し、対応策を考えたり、説明できる能力です。①や②の知識があっても、実際の問題に当てはめて分析や立案ができなければ、宝の持ち腐れになってしまいます。この能力も、容易に身につくものではありませんが、具体的な事例を数多く学ぶこと（ケーススタディ）と、実際の政策課題に取り組むことによって次第に獲得できると考えられます。

政策力の身につけ方―OJT、議員研修、自己学習

　では、こうした政策力をどのような方法で身につければよいでしょうか。

　第1に、議員活動を行う中で養成することであり、一種のOJT（On the Job Training）です。たとえば、

地域住民の陳情を受けて、ある問題について担当課に問い合わせしたり議会で質問を行う中で、その問題がなぜ生じているか、法制度はどうなっているか、自らの自治体がどう取り組んでいるかなどについて調査すれば、政策について実感をもって学ぶことができます。自治体職員も同様ですが、議員の能力向上の基礎は日々の活動にあるといえます。

第2に、議会や議会内の会派として**議員研修（集合研修）**を実施することです。講演会形式で半日程度の議員研修会を実施している自治体は少なくありませんが、短時間かつ一方通行の研修では、意識づけにはなりますが、知識・能力の養成には十分な効果は期待できません。自治体職員の場合は、いろいろな研修が予定されていますが、議員は系統的に学ぶ機会が限られていますので、もっと議員研修（集合研修）を充実させるべきです。たとえば、図表8-1のように、就任1年目に、自治制度論、自治体法務論など10日程度の研修を義務づけ、2年目以降は選択制の研修に参加する制度をつくってはどうでしょうか。これらは、都道府県別の議長会と職員研修機関が協力して県庁所在地などで開催することが考えられます。

また、特定課題に関する**チーム研究**を実施することも考えられます。たとえば各議会または議長会に、半年間、景観政策をテーマとして議員によるチームを設置し、その成果を議員全体で共有化し、可能な場合は議員提案条例につなげることが考えられます。

第3に、議員個人として**自己学習（自学）**に取り組むことが考えられます。以上の対応だけでは受け身の学習になりがちで、個人の関心や状況に合った能力開発にはつながりにくいのが現実です。というより、お

図表 8-1　自治体議員の集合研修のイメージ

年　次	講　座	講　義	演　習		日　数	
1 年目	自治 制度論	自治制度、自治体の機構、住民参加等	グループ 演習	2 日	計 10 日	
	政策 形成論	政策の意義、政策過程、政策評価等	同上	2 日		
	自治体 法務論	法律と条例、条例制定権、行政訴訟等	同上	2 日		
	自治体 財務論	予算、決算、監査、公共施設等	同上	2 日		
	議会 運営論	議会会議規則、委員会制度等	同上	2 日		
2 年目 以降	次の講座から順次選択（各講義＋演習で構成）。 〈制度系〉条例立案論、予算評価論、住民協働論、広域行政論等 〈政策系〉都市政策論、環境政策論、地域振興論、福祉健康政策論、教育政策論、防災政策論等 〈課題系〉特定課題を設定し、各議会から推薦された議員でグループ研究（半年または 1 年）を行い、報告書をまとめる			各 2 日	年 2 講座、 4 日以上	

注：都道府県別の各議長会と都道府県・市町村の職員研修機関が協力して開催することを想定。原則として義務制とする。
出典：著者作成

よそ学習は自己学習が基本であり、組織はそのための機会や情報を提供して支援するものにすぎません。

自己学習では他流試合への参加が有効

その自己学習は、どのような形で行うべきでしょうか。

1 つ目は個人的な学習です。自分でテキストを探して読み進めたり、過去の政策の変遷や全国の自治体の政策を調べることなどは、地味ですが、能力開発のベースとして重要です。自治体法務検定のような検定制度を活用すると、学習の指針や尺度にもなるでしょう（自治体法務検定委員会編 2017a、b 参照）。もっとも 1 人で学習を継続するのは大変ですので、以下の

工夫が必要になります。

　２つ目は、外部の研究会や学会に参加することです。最近は、自治体職員がアフターファイブに自主的な研究会を行っていたり、市民グループやNPOが様々な学習会を行っています。また、自治体学会、公共政策学会など広く実務家や市民が参加できる学会も増えています。こうした「他流試合」の場に参加して、幅広い理論や実践を学んだり、全国のキーパーソンとのネットワークをつくることをお勧めしたいと思います（政務活動費はまさにこうした活動に活用すべきでしょう）。

　３つ目は、大学での学習・研究です。最近は公共政策系の学部・大学院もありますし、社会人を積極的に受け入れる大学院も増えており、院生の中には自治体議員も少なくありません。そこで、週に２〜３日、夜間と休日を中心に２年間通学すれば、修士号を取得できますし、学位論文をまとめて議員活動に生かすこともできます。放送大学のように通信制の大学もあります。これらの学費は、政務活動費から支出することも可能です（政務調査費を公共政策大学院の学費に支出したことを適法とした東京高判平18・11・8参照）。聴講生等としての参加を含めて、大学の活用を考えるとよいでしょう。

2 議会内の政策検討の習慣づくり ―合意をどうつくるか

議会内の検討体制をどうつくるか

　２つ目の課題は、議会内の政策検討体制の整備です。特定の課題について議会で政策立案を進める場合

図表 8-2　議員による政策検討方式の比較

検討方式		利　点	問題点
1.　議員主導型		議員だれでも取り組める	他の議員の賛成が得られにくい
2.　会派主導型		踏み込んだ検討が可能	他の会派との合意形成が困難
3.　検討組織主導型	①議員有志型	設置しやすい	他の議員との合意形成が困難
	②会派代表型	方針決定後の合意形成が容易	設置までと設置後の合意形成が困難
	③議員全員型	方針決定後の合意形成が容易	設置までと設置後の合意形成が困難
	④委員会型	正式の検討と審議が可能	弾力的な運営が困難
4.外部連携型		住民や専門家の意見を反映できる	時間や費用を要する

には、課題設定の段階で検討体制を考える必要があり
ますが（第3章3参照）、ここではその場合を含めて
議会内の政策検討の体制を検討します。

　考えられる検討体制としては、①議員個人が提案・
推進する「**議員主導型**」、②会派を中心に検討する
「**会派主導型**」、③議会内に検討組織を設置して検討す
る「**検討組織主導型**」、④外部の住民や有識者に力を
借り、あるいは合同で検討する「**外部連携型**」に分け
ることができます（図表8-2参照）。さらに③の中に
は、議員有志で検討する場合、会派の代表者で検討す
る場合、議員全員で検討する場合、常任委員会または
特別委員会で検討する場合があります。

　それぞれのメリット・デメリットは、図表8-2のと
おりです。政策課題や議会内の状況によって、もっと
も円滑に検討できると考えられる検討方式を選んで、
提案するとよいでしょう。

議会内に政策検討の習慣をつくる

　議員の政策づくりが難しいのは、同僚議員の賛同を得なければ進められないという点です。議員は、同じ会派に属していても、相互に住民の支持を競い合うライバル関係にあるため、「出る杭は打たれる」ことになりがちで、ある議員や会派が政策を提案しても、他の議員や会派は反発しがちです。そのような状況の下で、どうやって同僚議員の賛同を調達すればよいでしょうか。

　第1に、**会派**を政策づくりの核にすることです。もともと**会派**は、基本的な政治姿勢を同一にする議員の集合体ですし、議会活動の基本的な単位ですから、会派の政策活動が重要になることは当然です。会派内で定期的な勉強会を開いたり、継続的な調査研究を行うことが考えられます。有識者にアドバイザーを委嘱して条例づくりの検討会を行うことも考えられるでしょう[30]。そして会派内が一枚岩になれば、他の会派と交渉し、賛同を増やすことが考えられます。

　第2に、**委員会**を拠点にして政策検討の習慣をつくることです。委員会またはそのメンバーで講師を招いて勉強会を行ったり、議員提案条例をつくるための研究会を開催したりすることが考えられます。委員会には議案提出権が認められるため（109条6項）、委員会で条例案や意見書案がまとまれば、可決される可能性は高くなります。議員数の少ない議会では、本会議

---

[30] 私自身、1年間、ある政令市のある会派の政策法務アドバイザーを務めたことがあります。最初にアドバイザー契約を締結し、報酬は会派の政務活動費から支出されました。月1回、条例づくりの授業の後、各自が選択したテーマについて条例案をつくる演習を行い、そのいくつかは実際に議員提案条例として提案されました。

や全員協議会で以上の取組みを行うとよいでしょう。

　第3に、問題意識を共有する議員間で**研究会等**を行うことです。会派は違っても、関心のある分野や問題について研究会・勉強会を開催することは難しくないと思います。定数の12分の1以上の議員が賛同すれば議案を提出できますので、研究会メンバーで合意ができれば、条例案や予算修正案を提案することもできます。さらに各メンバーが所属する会派を説得すれば、可決の可能性も高まります。

③　外部人材との連携・活用

　3つ目の課題は、外部有識者や各種団体・NPO・市民などと連携することです。議会審議に関しても指摘しましたが（第6章2参照）、外部の情報や知恵がなければ、執行機関側の説明と情報に依存せざるを得ません。議会側が独自の知恵や情報を持つためにも、有識者（行政法・行政学や各分野の専門家）、各種団体（商工会議所、医師会、農協等）、NPO（環境、福祉等）、市民（市民活動に取り組む市民）に協力を求め、ヒアリングに出向いたり、勉強会に出席してもらったり、議会で公述人・参考人として意見を聴くことが重要です。政策力をつけるためにも、「協働型議会」への転換（第1章3参照）が必要なのです。

　なお、**専門的知見の活用**については根拠規定ができましたが（100条の2）、図表8-3のとおりあまり利用されていませんので、積極的に活用すべきです。活用方法としては、①課題が生じた場合に調査・提言を依頼する方法（単発調査型）、②研究会等の助言者として継続的に依頼する方法（継続助言型）、③政策案の

図表 8-3　専門的知見の活用制度（100 条の 2）の利用状況

区　分	2012〜2013 年度		2014〜2015 年度	
	件　数	調査事項（例）	件　数	調査事項（例）
都道府県	0 件	—	0 件	—
市区町村	16 自治体 20 件	・自治基本条例等の策定と運用 ・議会基本条例の検証 ・議員定数・報酬等の考え方と議会改革 ・市民参加条例の研究・調査 ・市の補助金に関する調査 ・大規模自然災害時における議会の役割 ・庁舎耐震改修等に関する調査 ・中学校 PFI 事業の重大な瑕疵	12 自治体 12 件	・議会改革の取組み ・議会基本条例の改定 ・議員定数・議員報酬 ・既存宅地制度 ・政治倫理条例改正の法的審査及び整合性 ・中小企業振興基金条例研修会

出典：総務省「地方自治月報」57 号、58 号（2012 〜 2015 年度）「専門的知見の活用に関する調」（総務省 HP から入手）から筆者作成

　作成に参画してもらう方法（共同作業型）が考えられます。

　また、外部資源の活用のひとつですが、議長会等の**連合組織の情報提供や助言**を利用することが考えられます。都道府県単位の町村会の中には、政策法務室の設置や法務事務支援事業等の形で、条例制定の助言や法務相談の事業を行っているところがあります（北海道町村会など）。また、全国都道府県議会議長会では毎年、議員による「政策研究交流大会」を開催し、議員提案条例等の情報交換も行っています。今後、議長会組織がサポート機能を拡充することが望まれますし、各議会・議員はこれを活用するとよいでしょう。

4 議会事務局の機能強化

小規模自治体ほど事務局体制は脆弱

　４つ目のポイントは、**議会事務局の機能強化**です。議会事務局の職員は、「議会に関する事務に従事する」としか定められていませんが（138条7項）、議会の政策形成機能を強化するには、議会事務局のサポートが重要になっています（事務局の業務については、香川・野村2015参照）。

　議会事務局は、都道府県では必置、市町村では任意設置とされていますが、設置しない場合でも書記長その他の職員を置くこととされています（138条1〜4項）。実際にはどのような状況でしょうか。

　都道府県の場合、事務局には総務課など3〜5つの室課が置かれていることが多く、政策調査を担う調査課、議事調査課等の室課も設置されています。図表10-1（第10章）のとおり、職員数は平均43.6人を配置しています。市区の場合は人口規模によって差が大きく、平均4.6人〜45.1人の職員数となっています。町村の場合は、事務局を設置していない町村があるほか、設置している場合も職員数が平均2.5人と少数にとどまっています。全体として、都道府県や指定都市ではそれなりに体制が整っていますが、市では規模による差異が大きく、町村は脆弱な体制にとどまっています[31]。

　また、事務局職員の人事に関しては、執行部からの出向が中心であり、主体的な人事が難しいこと、職員の在籍期間が短いため、計画的な人材養成や配置が難しいことが指摘されています（佐藤・八木編著1998：

217-225（加藤幸雄））。

　さらに、事務局の姿勢として、会派や議員への中立性を保つため、議員の政策活動に関わることを避ける傾向、消極性があります。私がある事務局職員の研修会で事務局が会派や議員の政策検討をサポートすることが可能か聞いたところ、「会派間の公平性があるため特定の会派をサポートすることは難しい」「政策検討の段階では、内容に影響を与えかねないため距離を置かざるを得ない」という反応でした。なるほどと思いましたが、中立性を理由にしてやっかいな業務を避けようという心理もあるように思いました。ただ、別の研修会では、「サポートできる」という意見と「難しい」という意見がほぼ半々でしたので、事務局によって認識に差があるようです（香川・野村 2015：215- は事務局のサポートに肯定的です）。

　可能であれば、会派ごとに政策担当秘書を雇用できる制度をつくることも考えられますが、そこまでの対応は難しいでしょう。そこで、相当数の職員を抱える事務局では、会派ごとに議席数に応じた人数の調査担当職員を決めておく、各会派から定期的に調査計画を提出してもらい、会派間のバランスに配慮して職員がサポートするなど、何らかのルールを決めて議員の政策活動をサポートすべきです。事務局内に行きすぎた「中立性神話」があるとすれば、克服する必要があると思います。

---

[31] 事務局の体制については、やや古いデータですが、磯崎 2004-2007：17 回（月刊ガバナンス 2005 年 12 月号）を参照。これに対して、国会では、両議院の事務局に約 3,000 名（衆約 1,800 名、参約 1,200 名）の職員が在籍しているほか、「法制局」が設けられ、約 160 名（衆 80 名、参 76 名）の職員が議員立法の法案の起草等を担当しています。さらに国会議員は 2 名の公設秘書のほか政策担当秘書 1 名を採用できます。両議院 HP 参照。

議会事務局の強化方法とは？

　では、事務局体制をどのように強化すべきでしょうか。

　第1に、まず事務局の役割として**政策検討の補佐機能**があることを明確にすることです。議員は非常勤で任期もあることから、専門的な知識やノウハウを蓄積することが難しいため、事務局職員がサポートすることが重要です。特に常勤の事務局職員には、庶務的な仕事で満足するのではなく政策的・専門的な役割が期待されています。前述のように議員間・会派間で不公平がないよう一定のルールをつくった上で、議員・会派の要請を受けて様々な調査を行ったり、議員による研究会等に参加して情報収集や資料作成を行うことが求められるでしょう。

　第2に、事務局がこうした役割を果たせるよう、職員数を増やすとともに、調査担当や法務担当の組織を整備することです。特に町村では、調査事務を担えるよう職員を増員することが先決でしょう。また、市区では調査課等の組織を設けること、都道府県や大規模市では従来の調査課等の機能を拡充して、政策法務、法制執務等の立法補佐機能を強化することが考えられます。

　第3に、町村等の小規模自治体においては、単独の対応では限界があることから、特別な対応を検討する必要があります。たとえば、一部事務組合において職員を一括採用して各事務局に配置したり、都道府県単位の議長会等において政策形成を支援するといった体制をとることが考えられます。

事務局に専門人材をどう確保するか

　以上のように体制を整えても、実際に動かすのは事務局の人材です。その人材をどのように確保するべきでしょうか。

　第1に、事務局に法的・政策的な知識や経験のある職員を計画的に配置することです。たとえば、執行機関で法制執務や総合計画の策定を経験した職員を配置できれば、政策の検討に寄与するでしょう。実際に議員提案条例の多い議会では、事務局でこうした職員がサポートしている例が少なくありません。執行機関側とも調整して、こうした計画的な異動を可能にすることが重要です。

　第2に、事務局職員の研修に取り組み、法的・政策的な能力向上を図ることです。前述の議員の場合と同様に、政策法務研修などの研修を充実させたり、大学院等での学修を支援することが考えられます。

　第3に、**専門人材を常勤・非常勤の職員として採用**することです。たとえば、議会独自の職員採用を行うこととし、若手の研究者、弁護士、公認会計士を任期付き職員や非常勤職員として採用することが考えられます。近年、弁護士の職域拡大もあって、自治体で法曹資格者を任期付き職員として採用する例が増えています（日弁連調査では、2016年10月現在、全国45の自治体が134名の法曹資格者を採用）。議会事務局でも、政策条例の制定のほか、契約の議決、決算の認定など専門人材が必要な場面が増えていますので、こうした対応は有用でしょう。

第9章 選挙で政策を問う

　本書では、議員就任後に、どう政策を実現するかを検討してきましたが、政策の実現は立候補のときから始まっています。公選職は、何らかの政策を実現するために選挙に立候補し、政策を競い合ってポストを獲得するものです。言い換えれば、政策は選挙を通じて明確になり、鍛えられ、選択されるわけです。このような選挙を通じた政策実現について検討しましょう。

1 選挙公約にどう取り組むか

選挙公約には4種類ある

　議員選挙では、選挙公約を提示することが重要です。選挙公約の内容は、4種類に分けることができます。

　　　A：自治体の政策実現を約束する公約（**政策公約**）
　　　B：自治体の組織改革を約束する公約（**組織公約**）
　　　C：議会としての取組みを約束する公約（**議会公約**）
　　　D：議員としての取組みを約束する公約（**議員公約**）

　Aの政策公約は、子育て支援、まちづくり、教育など住民生活に関係する施策や事業の導入や見直しを約束するものであり、これが公約の中心になります。
　Bの組織公約は、住民参加、行政評価など組織運営や手続の見直しを約束するものです。行政改革は主と

して首長の権限ですが、議会も行政監視機能を期待されていますので、一定の公約を掲げることは可能でしょう。

Cの議会公約は、審議方法の改革、議会への住民参加、議会報告会の開催など議会全体での対応や改革を約束するものであり、議員候補者でないと約束できない公約です。

Dの議員公約は、ある課題に関する一般質問、行政サービスの点検評価、議会報告会の開催など議員個人の取組みを約束するものであり、当選すれば直ちに実行できる公約です。

このうち住民にとって重要なのは、住民生活に影響するAの公約であり、次いで自治体行政のあり方に関わるBの公約です。さらに、議会のあり方に関するCの公約も重要な意義があります。以上に対してDの公約は、自治体のあり方を変えるようなインパクトはないものの、議員ひとりでも実行できますので、的確な約束であれば有権者の共感と期待を呼ぶ可能性があると思われます。

公約の提示は政党や会派が原則

では、これらの公約はどういう主体が提示することがふさわしいでしょうか。

A～Cの公約については、政党あるいは会派として提示することが望ましいでしょう。議会の意思決定には議員の過半数の賛成が必要ですので、議員候補者が個人として公約を掲げて当選しても、実現できる可能性は高くありません。しかも議員は基本的にライバル関係にありますので、他の議員が選挙公約で約束した政策となると協力したくないというのが現実でしょ

う。

　ただ、市町村議会では政党の公認や支援を受けない候補者が多いですし、会派は当選後に結成されるのが原則ですので、選挙時に政党や会派で公約を提示することが難しいという点がネックになります。しかし、議会の政策力を高めるために、今後は会派を基礎として政治団体等を設立して候補者を推薦したり、複数の候補者で「共同公約」を示したりすることが求められていると考えられます。もちろん候補者個人として重視する政策を示し、その実現に向けて「努力すること」を約束することは可能ですが、できるだけ「同志」を募って政策実現のスタートにすべきでしょう。

　以上に対して、Ｄの公約は候補者個人で約束することが可能です。こうした公約も議員としての活動に目標と緊張感をもたらす意味では、有意義だと思われます。

　なお、市町村議会では大選挙区制が採られていることが政策中心の選挙を妨げていますが、この点は後述します（第10章３参照）。

② 議員マニフェストの可能性

マニフェストとは何か

　私は、さらに進んで選挙公約をより具体的な「マニフェスト」にして示すことを提案したいと思います。マニフェストとは、「公職選挙の候補者が当選後に実現しようとする政策を検証可能な形で示した公約集」です。実現状況を「検証できる」という点がマニフェストのポイントです。

マニフェストは、英国の選挙において重要な役割を果たしてきましたが、日本では北川正恭氏（当時、三重県知事）の提唱をきっかけとして2003年の統一地方選挙から採用されるようになりました。その後、国政では、2009年に誕生した民主党政権がマニフェストの実現に失敗して2012年に退陣したことから、マニフェストへの評価は大きく低下しました。でも、マニフェストはあくまで「道具」ですから、それを使った政党や政治家が失敗したからといって、道具のせいにするのはおかしいでしょう。現に自治体政治では様々な成果を生んでいますので、冷静な評価が必要です。

では、マニフェストの意義はどこにあるのでしょうか。一言でいえば、「**政治が政策中心になり、政治家の責任が明確になる**」という点にあります。

段階別にいえば、第1に、選挙の段階では、候補者がどういう政策をどういう方法で実現しようとしているかが明確になって、候補者間の政策論争が生まれますし、有権者が政策の内容によって候補者を選択できるようになります。すなわち「**政策中心の選挙**」になります。第2に、当選後は、政治家は約束した政策を実現するよう努力しますし、政策を実現できない場合には説明責任が生じます。すなわち「**緊張感のある政治**」になります。第3に、任期満了の段階では、マニフェストをどこまで実現できたか客観的に検証・評価できますし、その結果を次の選挙での判断に生かすことができます。すなわち「**結果に責任をもつ政治**」になります。

以上のような「**マニフェスト・サイクル**」によって、政策中心・住民中心の政治を実現することが可能にな

るのです。

　なお、マニフェストに対しては、政治は代表者への「白紙委任」にならざるを得ないため、選挙では基本方針を示せばよいという批判もあります（橋下徹元大阪市長など）。これは代表民主制をめぐる命令委任か自由委任かという問題（佐々木 2012：211-）にもつながりますが、住民の価値観が多様化し、かつ政策課題が細分化した現代では、「お任せ民主主義」ではなく住民の意向を反映させる「参加型民主主義」が求められています。マニフェストはそのための手段として重要な意味を持つと考えられます。

議員マニフェストは可能か

　このように考えると、自治体議員もマニフェストに取り組む必要があります。マニフェストへの取組みとしては、首長マニフェストを支援したり監視したりすることも考えられますが、まず議員（候補者）自身がマニフェストを掲げることが重要です。この点で、首長と議員の間に大差はないと考えられます。

　これに対して、議会は執行権を持たないため、議員は制度上マニフェストを示すことはできないとか、示しても実現可能性が低いため、これを「マニフェスト（政権公約）」と呼ぶのは適切でないという指摘があります（後 2006、西尾・宇於崎 2004：27）。しかし、本書で強調してきたように、議会は条例制定権と予算議決権を有していますし、自治体によっては基本計画の議決権も有しています。逆に権限にこだわるなら、首長は条例制定権も予算議決権も有していませんが、条例も予算も要しない政策などほとんどありませんので、首長候補者こそマニフェストを掲げるべきではな

いということになってしまいます。

　そもそも二元代表制の下では、2つの代表機関が選挙で選ばれるため、2つのマニフェスト・サイクルが成り立つと考えるのが自然です。そこで、首長候補者も議員候補者もマニフェストに重要と考える政策を掲げ、当選後、両者が十分な論争と対話を行って自治体としての政策を決定していくのが建設的な進め方だと考えられます（礒崎 2004b 参照）。

　ただし、権限を有しているのは機関としての議会ですから、議員マニフェストは、原則として**政党・会派マニフェスト**として提示するか、候補者同士で**共同マニフェスト**をつくり、多数の議席獲得をめざすべきです。この点は選挙公約について述べたとおりです。

　マニフェストの内容ですが、マニフェストは自治体政策の実現を約束するものですので、前述のA（政策公約）を検証可能な形にしたものが典型的ですが、B（組織公約）やC（議会公約）を検証可能な形にしたものも、掲げてよいでしょう。これに対して、D（議員公約）は、議員個人の取組みですので、選挙公約としては意味がありますが、マニフェストと呼ぶべきではないでしょう。

すぐれたマニフェストとは何か

　どうせマニフェストをつくるなら、すぐれたマニフェストをつくりたいものです。では、すぐれたマニフェストとは、どのようなものでしょうか。私は、マニフェストの力は、大づかみにいえば、次の式で表せると考えています（礒崎 2017b、第9章）。

マニフェストの力＝有効性×実現可能性×訴求力

ここで「**有効性**」とは、何度も取り上げてきたとおり、マニフェストの政策が地域づくりや住民生活の向上にどれだけ役に立つかを問うものです。政策が住民の幸福につながらず、政治家や役所の自己満足で終わるものであっては、意味がありません。

　次に「**実現可能性**」とは、掲げられた政策がどこまで実現できるか、その可能性・確実性を問うものです。いくら有効性の高い政策であっても、実現できなければ意味がありません。

　最後に「**訴求力**」とは、掲げられた政策が住民にとってどこまで魅力的か、住民の注目・共感を呼ぶかを問うものです。一般の政策と異なり、マニフェストは選挙で有権者に注目され票につながらなければ、力（エネルギー）になりません。

　そして、この式は、3要素の掛け算になっている点がポイントです。いずれかがゼロになるとマニフェストの力もゼロになりますし、それぞれが高くなるとマニフェストの力が相乗的に高くなるということです。議員選挙では、ぜひ「力」の大きなマニフェストをつくっていただきたいと思います。

議員（会派）マニフェストの具体例

　議員（会派）マニフェストについては、図表9-1のとおりすでに相当数の実例があります。これらをいくつかの視点からタイプ分けしてみましょう。

　第1に、マニフェストに掲げる政策の範囲について、広く設定する「**総合型**」か、絞りこむ「**重点型**」かという違いがあります。有権者の関心は様々ですし、各分野の政策を掲げておくと議員活動を進めやすいという面はありますが、あまり対象を広げるとメリ

ハリがなくなりますし、有権者に読まれない可能性も
あります。そうした戦略を考えて、どちらのタイプに

図表 9-1　議員（会派）マニフェストの事例

会派名	名　称	対象選挙	主な構成・政策数	タイプ分類		
				政策範囲	目標水準	表現方法
自由民主党岩手県支部	改党いわて自民党「みんなの夢・実現プログラム」	2003年統一地方選	3つの緊急課題、5つの重点政策、25の個別政策	総合	現実	方針
民主党大分県連	大分県版ローカルマニフェスト「大分コントラクト」	2007年統一地方選挙	7つの分野、10の約束、52の施策	総合	挑戦	方針
民主党徳島県連	とくしまマニフェスト2007－すべては、子どもたちのために	2007年統一地方選挙	4つの方針、38の対策	重点	挑戦	理念
横浜市議会・自由民主党議員団等	マニフェスト「責任と約束」	2011年統一地方選挙	8つの条例、6分野の政策集	総合	現実	条例
民主党大分県連	大分ローカルマニフェスト「コントラクト～2015年に民主党がめざす大分の姿」	2011年統一地方選挙	5つの誓約、10の基本政策	重点	現実	方針
倉敷市議会・青空市民クラブ	青空市民クラブ・マニフェスト	2012年倉敷市議員選挙	政策（4分野、17目標）、議会改革、条例、会派活動	重点	挑戦	数値
静岡県議会・ふじのくに県議団	2015政策集「覚悟」	2015年統一地方選挙	4つの理念、14の重点政策、6つの条例、政策体系	総合	現実	条例
三重県議会・新政みえ	新政みえビジョン2015「新しい三重のカタチづくりのために」	2015年統一地方選挙	6つのビジョン、37の政策	総合	現実	方針
埼玉政経セミナー（市議、県議）	「みんなの越谷マニフェスト2015」	2015年統一地方選挙	3つの約束、9つの政策	重点	現実	方針

出典：各政党・会派のウェブサイトをもとに著者作成

するかを考えるとよいでしょう。

第2に、マニフェストの政策目標・内容について、高い水準に設定する「**挑戦型**」か、現実的な水準にとどめる「**現実型**」かという違いがあります。この点は、あまり高い理想を掲げるとマニフェストの実現可能性が低くなりますが、現実を重視しすぎるとマニフェストの有効性や訴求力が失われることに注意する必要があります。

第3に、マニフェストの表現方法について、数値目標等による「**数値型**」か、条例の制定を中心とする「**条例型**」か、方針や方向性を記載する「**方針型**」か、理念や精神等による「**理念型**」かという違いがあります。このうち数値型と条例型は、掲げた政策をどこまで実現できたかが事後的に検証可能ですから、マニフェストにふさわしいといえますが、理念型と方針型は、「……が大切です」とか「……を推進します」という内容が多く、検証可能性に疑問があるため、厳密にはマニフェストとは認められない場合があります。

③ 議員マニフェストのつくり方・届け方

議会マニフェストのつくり方

では、議員マニフェストをどのようにしてつくればよいでしょうか。様々なやり方があると思いますが、ここでは標準的なプロセスを紹介しましょう。

① **基本理念・コンセプトを考える**

政策の選択にあたり、全体を貫く理念・方針を明確にし、共有しておくとよいでしょう。

図表 9-2　議員マニフェストで掲げることが考えられる政策（例）

区分（政策手段）	政　策　例
1.　条例制定権を活用するもの	・自治基本条例、住民協働推進条例の制定 ・まちづくり条例、ゴミ屋敷対策条例の制定 ・地域福祉推進条例、高齢者権利擁護条例の制定 ・子ども条例、子どもの安全を守る条例の制定 ・地域振興条例、企業誘致推進条例の制定 ・新産業育成条例、食と農の推進条例の制定 ・森林環境税条例、産業廃棄物税条例の制定
2.　予算議決権を活用するもの	・保育基盤整備事業（施設整備、人件費助成等） ・高齢者・障害者生活支援事業（移送サービス等） ・地域防犯組織支援事業（運営費助成、拠点整備等） ・児童虐待防止ネットワーク事業（連携支援） ・コミュニティビジネス支援事業（研修、貸付等）
3.　議決事件条例を活用するもの	・基本条例の策定を議決事件とする条例の制定 ・介護保険事業計画に盛り込む事業（地域密着型サービス等）の提案
4.　行政監視権を活用するもの	・公共事業の費用対効果等の評価・公表（議会実施） ・指定管理者導入による効果の評価・公表（議会実施）

②　マニフェストのタイプを選択する

　前述のとおり、マニフェストにも様々なタイプ（総合型－重点型など）がありますので、どういうタイプのマニフェストをめざすか検討し、方向性を考えておくとよいでしょう。

③　政策案のラインナップをつくる

　個別政策の案を列挙していきます。これにも、①基本理念から必要な政策を考える方法、②分野ごとに必要な政策を考える方法、③目玉政策から挙げていく方法があります。参考までに、図表9-2に議員マニフェストで掲げることが考えられる政策例を挙げました。

④　各政策の記載事項を検討する

　各政策には、1）目標、2）期限、3）実現手段、4）財政措置（支出額または財源）を示すことが望ましいです。以上のうち政策目標と期限は政策の「目的」に、実現手段と財源は政策の「手段」に該当しま

す。

⑤　採否を判断する

　政策案の内容が固まった段階で、最終的に採用するか否か判断する必要があります。政策の本数はある程度絞り込む方がわかりやすいし、賛否が分かれる政策案については、この段階で決断する必要があります。

議員マニフェスト（選挙公約）の届け方・広報

　議員マニフェストまたは選挙公約が完成したら、これをどう有権者に知らせるか、どう届けるかという課題が残ります。そもそも告示日前は選挙運動は禁止されているため、選挙、立候補、投票依頼などの表現を含む文書を配布することはできません。そこで「市政への挑戦」などを掲げた政治活動の文書として配布することが考えられます。そして告示日以降に、選挙公約であることを明確にして選挙活動として配布・提供することになります。

　その配布・提供の方法ですが、第1にウェブサイト等を通じて配信することです。従来はインターネット等による情報発信も文書図画の頒布に該当するとされ、選挙活動としては規制されてきましたが、2013年の公職選挙法改正によって解禁されたため、現在では、ホームページ、ブログ、SNS、動画共有サービスによる選挙公約の配信が可能になりました。候補者や政党は、電子メールによる配信も可能です（公選法142条の3〜142条の7、総務省2016b参照）。

　第2に、ビラ等の紙媒体として配布することです。もっとも、議員選挙のための文書図画は、通常ハガキしか利用できません（公選法142条1項4〜7号。首長選挙ではビラの配布が可能）。そのため、ハガキに

マニフェストの骨子を記載するとともに、詳細はウェブサイト等にアクセスするよう案内することが考えられます。

有権者の中にはパソコンやスマホを使わない人もいますし、政治情報は自らアクセスするよりビラ等で手元に届いてはじめて関心を持つことが多いため、こうした規制については見直しが必要だと思われます。

4 選挙公約・マニフェストの実行と評価

議員が選挙公約またはマニフェストを掲げて当選した場合は、当然ながらその実現に向けて努力する必要があります。そのための取組みは、まさに政策実現のプロセスですので、前章までに述べてきたとおりです。

そして、その実現状況を評価・検証することが不可欠です。その方法として、まず会派や議員として「自己評価」を行うことが考えられます。そのために、政策目標に関係するデータや情報を収集し、実現の状況・達成度を把握する必要があります。しかし、自己評価だと中立的・客観的な評価にならないため、市民グループ、有識者等に「第三者評価」を実施するよう依頼・呼びかけることが望ましいでしょう。青年会議所等の主催により、検証大会を開催してイベント型で評価を行うことも考えられます。その評価の基準や方法については、政策評価で述べたとおりです（第7章3参照）。

その結果、実現状況が良好でない場合は、その理由を把握・分析し、有権者に説明・公表することが求められます。

5 首長マニフェスト（選挙公約）にどう 対応するか

　最後に、首長候補者のマニフェストにどう対応するかという問題があります。今後、議員マニフェストの提示が期待されるといっても、首長マニフェストが重要であることは変わりません。そこで、首長マニフェストにどう対応するかが問題になります。以下では、首長候補者がマニフェストを掲げた場合を想定して検討しますが、通常の選挙公約の場合もこれに準じて考えられるでしょう。

（1）選挙時の対応—「マニフェスト共闘」は可能か

　首長候補者がマニフェストを掲げる場合で、自らの議員としてのマニフェストや政策方針に合致するときは、この候補者を応援することが考えられます。首長マニフェストの作成作業に参加することも考えられますし、同時期に議員選挙が実施される場合は、主要な政策を同一にする「共通マニフェスト」をつくることも考えられます。

　この考え方に対して、議会と首長は均衡と抑制の関係にあるため、首長選挙の段階から関与して一種の共同責任を負うことに疑問の声があるかもしれません。しかし、首長と議会が常に対立を求められているわけではありませんし、首長マニフェストを支持したからこそ、当選後はその実現過程を厳しく監視し、緊張感のある関係になることも考えられます。政治の可能性を広げるためにも、「マニフェスト共闘」は有益だと考えられます。

（2）当選後の対応―首長マニフェストの実現にどう関わるか

選挙時に首長のマニフェストを支持した場合は、上述のとおり議員はその実現過程を監視し、推進する責任を負います。すなわち、議会においても条例制定や予算議決を通じて、マニフェストを実現できるよう取り組むとともに、一般質問や調査・監視権限を通じて執行機関にその実現を求めるべきでしょう。

これに対して、自らが支持しない候補者がマニフェストを掲げて当選した場合は、どういう対応をとるべきでしょうか。住民が支持したマニフェストである以上、議会としてはそれが実現されるよう進めるべきでしょうか、それとも自らのマニフェストや政策方針と異なる以上、その変更や断念を迫るべきでしょうか。

これについては、2段構えの対応が望ましいと考えられます。まずは自らのマニフェストや政策方針の実現を第1の目標とし、首長マニフェストの修正を求めるべきでしょう。しかし、それが叶わない場合は、住民が支持した首長マニフェストが実現されるよう監視していくことが求められます。もちろん首長マニフェストの問題点はきちんと指摘し、より適切な形で実現されるよう対応すべきです。住民にとって一番不幸なのは、議会が自らのマニフェストや政策方針を実現する努力をせず、しかも政治的思惑から首長マニフェストの実現も阻止しようとする場合です。二元代表制の下では、議会にはそうした複眼的な戦略というか、大人の対応が求められます。

（3）任期満了時の対応

選挙で支持したか否かとは関係なく、任期満了時には、首長マニフェストの実現状況を検証・評価するこ

とが重要です。こうした検証・評価は、現状では青年
会議所やNPOが行っている程度ですが、政党・会派
や議員として客観的な手法で検証・評価を行い、これ
を住民に公表するとともに、今後の議員活動（次の首
長選挙での支持・不支持など）に反映させていくこと
が重要です。

第10章 議会の制度改革を考える

　以上、議会の政策づくりを進めるための自己努力について検討してきましたが、議会のあり方を大きく変えていくには、議会を支える制度を変える必要があります。そこで、最後に議会の制度改革について検討しましょう。図表10-1は、自治体の種類・規模別に、議会の状況を示したものです。これによると自治体議会といっても、大きな差異があることがわかります。この差異に応じた制度に切り換えていくことが必要になっています。

[1] プロ型議会かアマ型議会か ―議員のあり方の選択制

　1つ目の改革は議会や議員のあり方（議会像）を明確にすることです（以下、礒崎2014参照）。現在、議員には、プロフェッショナルとしての力が求められているのか、アマチュアとしてのよさが求められているのか、不明確になっています（江藤2012b:85- 参照）。制度上、議員は特別職ですが、首長のような常勤職に支払われる「給与」ではなく「議員報酬」とされながらも、月額制も期末手当の支給も可能になっています（203条1項、3項）。また議員の「職務」にどこまで含まれるかもあいまいです（最判平16・9・2など）[32]。

　実は、前述のとおり議会には人口規模、議員数、事務局体制などに大きな差異があるため、画一的な制度にすること自体に無理があります。今後の議会のあり方としては、大きく2つの方向がありうるのではない

図表 10-1　人口区分別の自治体議会の組織の状況

	町村	市区								都道府県
（人） 人口分布	201 人～ 53,857 人	～5 万人	5 万人～ 10 万人	10 万人～ 20 万人	20 万人～ 30 万人	30 万人～ 40 万人	40 万人～ 50 万人	50 万人～	指定都市	588,667 人～ 13,159,388 人
（人） 平均議員 定数	12.5	18.3	22.1	26.9	32.5	37.6	40.7	47.1	61.5	58.2
（人） 議員一人 当たりの 住民数の 平均	996	1,887	3,159	5,221	7,621	9,096	10,840	12,966	22,033	39,561
（回／年） 定例会／ 臨時会平 均開催回 数	（定例会） 4.0 （臨時会） 3.1	4.0 2.3	4.0 2.0	4.0 1.8	4.0 2.0	4.0 1.9	4.0 2.2	4.0 1.3	3.9 1.4	3.7 0.7
（日／年） 年間平均 会期日数	47.5	77.8	86.7	93.7	91.5	88.5	96.4	101.9	114.4	115.3
（件／年） 年間平均 議案件数	96.1	119.8	128.3	140.6	160.4	184.8	162.7	145.7	271.1	212.8
［長提出］	[86.2]	[108.1]	[114.4]	[124.7]	[143.6]	[161.8]	[143.1]	[127.7]	[242.5]	[179.1]
［議員・委 員会提出］	[9.9]	[11.7]	[13.9]	[15.9]	[16.8]	[23.0]	[19.6]	[18.0]	[28.6]	[33.7]
（委員会） 平均委員 会設置数	6.1	7.5	7.7	8.6	9.4	8.9	9.7	12.1	13.3	10.3
（人） 議会事務 局平均職 員数	2.5	4.6	5.9	8.6	13.2	15.8	18.1	20.3	45.1	43.6

出典：【人　　口】平成 22 年国勢調査（H22.10.1 現在）
　　　【議員定数】全国都道府県議会議長会調査（H25.7.1 現在）、市議会議員定数に関する調査（H25.12.31 現在）、
　　　　　　　　　第 59 回町村議会実態調査（H25.7.1 現在）
　　　【委員会数】全国都道府県議会議長会調査（H25.7.1 現在）、市議会の活動に関する実態調査（H25.12.31 現在）、
　　　　　　　　　第 59 回町村議会実態調査（H25.7.1 現在）
　　　【事務局職員数】全国都道府県議会議長会調査（H25.7.1 現在）、市議会議員の属性に関する調（H25.8.1 現在）、
　　　　　　　　　第 59 回町村議会実態調査（H25.7.1 現在）
　　　【そ の 他】都道府県議会定数及び臨時会に関する調（H25.1.1 ～ 12.31）、都道府県議会定例会及び臨時会に
　　　　　　　　　おける議案数に関する調（H25.1.1 ～ 12.31）、市議会の活動に関する実態調査（H25.1.1 ～
　　　　　　　　　12.31）、第 59 回町村議会実態調査（H24.7.1 ～ H25.6.30）
出典：総務省自治行政局行政課「地方議会制度等について」2015 年 6 月 23 日（総務省 HP から入手）

　でしょうか（図表 10-2 参照）[33]。

　ひとつは、政治行政のプロフェッショナル（専門職）として政策決定を担う「**プロフェッショナル型議**

---

[32]　都道府県議会制度研究会 2007 は、地方議員を「公選職」として位置づけ、その職責・職務を示して、その遂行のために必要な職務権限や公費支給について規定することを提案しています。大森 2008：350-362、江藤 2011：145-150 も参照。

会」（プロ型議会）とする方向です。この場合、議員
は専業・常勤を前提とし、会議は平日昼間に開催し、
専門職にふさわしい所得を保障します。その代わり、
相互に密度の濃い討論が行われるよう、定数は抑制し
ます（多くても30名程度）。いわば少数精鋭の「働く
集団」とするのです。その役割は、政策形成機能を中
心とします。議会事務局には、議員の政策形成を補佐
できるよう企画調査機能を持たせ、必要な資料・デー
タは議会独自で収集できる体制をつくります。

　もう１つは、政治行政に一般市民・生活者の意見や
感覚を反映させる「アマチュア型議会」（アマ型議会）
とする方向です。この場合、議員は兼業・非常勤を前
提とし、会議は平日夜間または休日に開催し[34]、報酬
は諮問機関の委員並みに引き下げます。その代わり、

図表10-2　今後の自治体議会の２つのタイプ

タイプ	機能	議員			会議の開催	事務局
		勤務	定数	報酬		
プロフェッショナル型	政策形成中心	専業・常勤	少人数（30名以下）	高水準・所得保障	平日昼間	充実（企画調査機能）
アマチュア型	行政監視中心	兼業・非常勤	多人数可能（30〜80名程度）	低水準・名誉職給	平日夜間・休日	現状程度（庶務機能）

[33] 同様の指摘として、地方分権推進委員会第2次勧告（1997・7・8）は、議員の身分のあり方について「専門職か名誉職かも含め中期的な課題として検討を進めるべき」とし、山口編著 2015：41は「議会の性格をどのように規定するのかによって、他に職業をもつ兼業ボランティア型議会と議員の活動に専念する専務職業型議会といったように、具体的な議会の姿も変わってくるはずである」と指摘しています。

[34] 総務省 2015 によると、2008 〜 2013 年を対象とした調査において、市区議会で年に 16 〜 21 自治体が休日等議会を、1 〜 4 自治体が夜間議会を実施したとされ、町村議会で年に 29 〜 43 自治体が休日等議会を、15 〜 20 自治体が夜間議会を実施したとされています。いずれも少数にとどまっています。

多様な意見を反映できるよう、定数は現状程度か現状以上に増やしてもよいでしょう。いわば住民集団の縮小版をつくり、「普段着の議会運営」（大森2002：118）とするものです。「アマチュア」というと、未熟、無責任といったニュアンスがありますが、職業政治家にありがちな特権意識や保身と切り離し、生活者としての感覚・常識・ボランティア精神に期待するものです（**レイマン・コントロール**）。その役割は、行政監視機能を中心とします。議会事務局は庶務機能を中心とし、必要な資料・データは執行機関から提供させることにしてよいでしょう。

　そして各自治体は、このいずれかの方向を選択し、条例でそれに見合う定数、報酬などを定めることとします。法律上は、プロ型かアマ型かといった概念的な規定を置くことは難しいため、議会の議決事件の広狭や議員の常勤・非常勤等の選択肢を示し、条例で選択する制度にします。そしてその選択に応じて、議会の役割、委員会の設置、議員の報酬・政務活動費、事務局の構成などを条例で具体化することが考えられます。

　私自身は、都道府県、政令市など規模の大きな自治体は、抱えている事務事業の数も多いため「プロ型議会」がふさわしい場合もあると思いますが、基本的には「アマ型議会」とすることが望ましいと考えます。しかし結論は、各議会が今後の自治体運営のあり方を考えつつ、住民の意見を十分に聴いて条例制定という形で決めるべきでしょう。

2 議員のなり手の拡大
―サラリーマンや公務員を議員に

特定の職業・年齢しか議員になれない制度

2つ目の改革は議員の立候補や兼職の制限を緩和することです。現行の制度では、サラリーマンや公務員が議員になるには、それまでの仕事を辞めなければならないのが現実です[35]。その結果、すぐれた人材が議員になる道を閉ざすとともに、議員に農業者、商店主など自営業者が多くなり、議員の構成と住民の構成にズレが生じています。

地方議員の当選前の職業をみると、「会社員」20～25％、「農林業」10～40％、「その他の職業」15～40％であるのに対して（総務省 2008）、就任後の職業は、「議員専業」20～50％、「農業、林業」10～35％、「卸売・小売業」「建設業」「サービス業」が各5％前後になっています（総務省 2015）。すなわち、もともと「農林業」などの自営業が多いほか、「会社員」や「その他の職業」の人が当選後に「議員専業」に転換していることがうかがわれます。また、図表10-3のとおり60歳代の議員が多いことは、他の職業との両立が難しいことを示しています。女性が極端に少ないことを含めて、議員の属性・構成は住民の属性・

---

[35] 片山 2007：132-134 は、「市町村議会の議員が画一的に国会議員などと同じく事実上職業政治家でなければ務められないという現行の仕組みが、果たして妥当するか」と指摘し、「民間企業の従業員はもちろん、教員、郵便局の職員、あるいは公務員のような普通のサラリーマンでも、日常の生活を平穏に続けながら市区町村議会の議員として地域に貢献できる仕組みぐらいは用意しておく必要があるだろう。こうしたことを可能にするためにも、それぞれの自治体において自らの議会のあり方を自らが決められる柔軟な地方自治制度にしなければならない」としています。

○　男女の比率

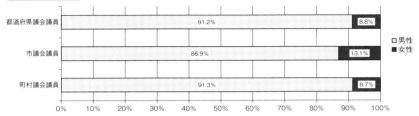

出典：総務省「地方公共団体の議会の議員及び長の所属党派別人員調」（平成25年12月31日現在）

○　年齢別の状況

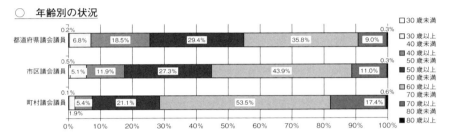

図表10-3　自治体議員の性別・年齢別の状況

出典：総務省「議会制度関連資料」2015年10月2日地方制度調査会配布資料（総務省HPから入手）

構成と大きくズレていることがわかります。これでは、議会の代表機能（第1章2参照）には大きなズレ・ゆがみがあることになります。

さらに、最近では議員に立候補する人が減少し、無投票当選が増えています（第1章・図表1-1参照）。代表機関としての自治体議会は、「危機」に瀕しているというべきです。

勤労者・公務員が議員になれる制度に

こうした状況を変えるために、どのような改革が求められるでしょうか。

第1に、公務員については議員への立候補自体が制限されているため、これを緩和する必要があります。

公職選挙法では、公務員は、在職中公職の候補者となることができず（89条1項）、候補者になったときは公務員の職を辞職したものとみなされます（90条）。しかし、公務員も憲法上、被選挙権を含む参政権が認められています（憲法15条1項）。この制限は、公務の政治的中立性への信頼を確保するためと考えられますが、それなら立候補によって「休職」させる制度で十分なはずです。また地方公務員は勤務する自治体の区域外では政治的行為が認められていますので（地方公務員法36条2項但し書）、少なくとも勤務する自治体以外への立候補を制限する必要性は乏しいと思われます[36]。

　第2に、自治体職員が他の自治体の議員を兼職できるようにすることが考えられます。勤務先の自治体の議員との兼職は二元代表制の関係から問題がありますが、それ以外の自治体については、政治的行為も可能ですから議員との兼職を認めてよいと思われます。このため、議員が「地方公共団体の（中略）常勤の職員（中略）と兼ねることができない」という兼職禁止規定（92条2項）については、「当該地方公共団体」の職員に限定することが考えられます。また、議員活動を可能とする休暇制度（有給または無給）、議員の任期終了時の復職制度などを導入し、職務専念義務（地方公務員法35条）についても例外を認めることが考

---

[36] 地方制度調査会 2009：32 も、「公務員が地方議会の議員として活動することは、行政分野に通じた人材が議員として活動することとなり、有益な面があることから、公職への立候補制限の緩和や、地方公務員と当該地方公共団体以外の団体の議会の議員との兼職禁止の緩和などの方策が必要ではないかとの意見がある」と指摘し、「公務員の職務の公正な執行や職務専念義務のあり方等にも配慮しつつ、（中略）引き続き検討の課題としていくべきである」としています。

えられます。

第3に、民間企業の従業員については、立候補に伴う休暇を認める制度、議員活動を可能とする休暇制度（有給または無給）、議員の任期終了時の復職制度などを導入する必要があります。労働基準法では、「使用者は、労働者が労働時間中に、選挙権その他公民としての権利を行使し、又は公の職務を執行するために必要な時間を請求した場合においては、拒んではならない。」と定められています（7条）。そこで、その趣旨を拡張して、企業・事業所ごとに立候補や議員活動に配慮することとし、法律で一定の義務づけや誘導を行うことが必要でしょう（佐藤・八木 1998：126（岡本光雄）、地方制度調査会 2009：31 参照）。

第4に、議会自身ができるだけ夜間・休日の会議開催とするなど、兼職を可能にする運営に切り換える必要があります。逆にいえば、兼職が可能だからこそ、報酬は少なくても生活には困らないし、議員を稼業にする必要もないわけです。その意味では、広く兼職が進められるのは前述の「アマ型議会」の場合であり、「プロ型議会」の場合は、当選すれば辞職または休職が必要になるでしょう（この場合も復職制度は有効です）。「アマ型議会」か「プロ型議会」かを明確にすれば、それぞれの条件に応じていろんな人材が参入できるようになると考えられます[37]。

---

[37] 地方制度調査会 2016：21-22 は、議員のなり手不足を解消するため、夜間・休日等の議会開催、通年会期制の活用等の工夫や、立候補に伴う休暇制度や休職・復職制度の導入、公務員の立候補制限の緩和や地方議会の議員との兼職禁止の緩和等を検討する必要があるとしました。

3 選挙制度をどう考えるか
——中選挙区制が望ましい

現行の選挙区制度は混在している

　3つ目は、選挙区のあり方です。選挙区制度は、議員の代表機能や政策選択に直結する重要な問題です。現行制度は、都道府県は市・郡の区域を基本とした**中選挙区制**、政令市は行政区を単位とした**中選挙区制**、市区町村は全区域を1つの選挙区とする**大選挙区制**が採られています[38]。

　実際には、町村の場合は平均12.5人、市区（指定都市を除く）の場合は人口規模によって平均18.3人〜47.1人の大選挙区制になっています（図表10-1参照）。都道府県の場合は、市と郡を基本にしているた

図表 10-4　都道府県議員の選挙区の定数分布状況　　（2013 年 9 月 1 日現在）

定数	1	2	3	4	5	6	7	8	9	10
選挙区数	460	343	148	82	37	17	10	9	6	6
割合(%)	40.4%	30.1%	13.0%	7.2%	3.2%	1.5%	0.9%	0.8%	0.5%	0.5%

定数	11	12	13	14	15	16	17			計
選挙区数	7	3	3	2	3	2	1			1,139
割合(%)	0.6%	0.3%	0.3%	0.2%	0.3%	0.2%	0.1%			100%

出典：総務省自治行政局選挙部「都道府県議会議員の選挙区等の状況」2014 年 1 月（総務省 HP から入手）

[38] 久米ほか 2011：456-497（田中）によると、小選挙区制はすべての選挙区の定数が1である制度であり、大選挙区制は1つの選挙区から複数の議員が選出される制度です。中選挙区制は、参議院の選挙区選挙の一部などで採用されている制度で、この場合の定数は2〜6ですが、1選挙区の定数が複数という点では大選挙区制の一種です。選挙制度としては、ほかに全体の議席数を各党の得票率に比例するように配分する比例代表制があります。

めに、定数1人の選挙区（小選挙区）が460（40.4％）
2人の選挙区が343（30.1％）、定数3～5人が267
（23.4％）になっており、少人数の選挙区が多くなっ
ています（図表10-4参照）。

　なぜこのように様々な定数の選挙区制度が混在して
いるのか、人口規模や議員定数以外に合理的な理由が
ないように思います。

議会の機能から考える選挙制度—中選挙区制が望ましい

　では、どのような選挙制度が望ましいでしょうか。
議会の機能（第1章2参照）から考えてみましょう。

　まず**代表機能**については、多様な住民意思をきめ細
かく反映させることが重要ですので、**大選挙区制か中
選挙区制が望ましい**と考えられます（制度論として
は、中選挙区制は大選挙区制のひとつですが、ここで
は2～6人の選挙区を設ける制度として区別します）。
小選挙区制は、選挙区の意思を一つに統合し、責任あ
る「統治」を実現するには好都合ですが、地方議会は
執行機関を生み出す権限を持っていませんので、あえ
て「勝者一人勝ち」の仕組みをとる必要はありません
し、少数意見が適正に反映されないという欠点があり
ます[39]。

　次に**政策形成機能**については、選挙の時点から政策

---

[39]　竹下2010：225は、「小選挙区になれば、各議員がそれぞれの選
　　挙区の"代表"ということになるため、住民もいろいろな苦情
　　や意見を議員に直接的に話すようにもなろう」と指摘し、小選
　　挙区制の採用を主張しています。確かに「地域代表」という自
　　覚は高まると思いますが、少数意見が反映されにくいという問
　　題のほか、特に市町村の場合は選挙区が小さすぎて適切な候補
　　者が立候補するか、競争関係が成り立つかという問題点もあり
　　ます。

論争を活発化させ、有権者が政策に基づいて投票することを考えると、**小選挙区制か中選挙区制が望ましい**と考えられます。大選挙区制では、政党や政治信条を共通にする候補者同士が争うため、人柄や地域・団体とのつながりで投票しやすくなりますし、当選後も政策形成に力を入れようという誘因が働きにくくなります。政策選択の志向性としては、小選挙区制の方が「選挙区の全体意思」を重視しやすいといえますが、他の選挙区のことは考えないという「地域的な部分意思」に偏る可能性もありますので、中選挙区制との間で優劣の差はないと考えられます[40]。

さらに**行政監視機能**については、多様な意見を代表する議員の方が有効な監視をなしうると考えれば、**大選挙区制か中選挙区制が望ましい**と考えられます。もっとも、小選挙区制の方が地域の利益に基づいて監視するという意識が高まりますので、都道府県のように地域事情の差異が大きい場合は、小選挙区制にもメリットがあるといえるでしょう。

なお、**比例代表制**は、市町村では無所属議員が多いですし、都道府県・政令市でも政党による統合機能・政策形成機能は不十分なため、採用は難しいと考えられます[41]。加えて、中央政党による統制によって、自治体の自立性が制約されるという懸念もあります。

この比較を前述のアマ型議会とプロ型議会の対比にあてはめると、**アマ型議会**では代表機能と行政監視機

---

[40] 西尾編著 2005：78（西尾）は、大選挙区制も中選挙区制も、「政党間の政策綱領の優劣を争う選挙になりにくい選挙制度」であり、「個人的な後援会組織を形成しなければ選挙に臨めない選挙制度になっている」と指摘します。しかし、地方政治では政党による政策統合機能が弱く、典型的な政策選挙は難しいこと、中選挙区制なら政党間の政策論争も成り立つことから、中選挙区制の方がメリットが大きいと思われます。

能が重視されるため、その点では大選挙区制か中選挙区制が望ましいと考えられます。ただ、政策形成機能を無視してよいわけではありませんし、議員定数が多くなると大選挙区制では選択自体が難しくなるため、**中選挙区制が適合的**でしょう。

プロ型議会では政策形成機能が重視されるため、その点では小選挙区制か中選挙区制が望ましいと考えられます。ただ、小選挙区制は少数意見が軽視されるため、熟議を重視すべき地方議会では**中選挙区制の方がふさわしい**でしょう。ただし、小規模議会（概ね定数15 名以下）の場合は、選挙区に分けるほどの母数ではないため、**大選挙区制を継続してもよい**でしょう[42]。

以上をまとめると、図表 10-4 のとおりです。それぞれにメリット・デメリットがあるため、そのバランスで判断するしかありませんが、**一般的には中選挙区制が望ましい**と考えられます。折衷的な制度だけに、他の制度よりデメリットが少ないというわけです。

では現行制度をどう変えるべきでしょうか。市町村

---

[41] 特に政令市を抱える都道府県の場合、政令市の選挙区から選出された議員が、政令市内の都道府県機能が限定されることに伴って実際上の役割は小さいのに、人口規模によって議員定数が多くなるという問題があります。そこで、都道府県議会選挙を比例代表制にすることを示唆する意見があります（西尾編著2005：79-82（西尾））。しかし、都道府県レベルでも、政党の統合機能、政策形成機能は十分ではありません。もちろん比例代表制を導入すれば、政党の機能は高まるでしょうが、政党選択の選挙になると今度は有権者の関心が低くなったり、中央政党の統制力が強まって自主性を損なうという心配もあります。

[42] 江藤 2012b：150 は、現行の大選挙区制では 1 人に投票する単記制が採られているが、それでは極端に少ない得票で当選し、地区代表または個別利益代表となりやすいため、人数を限定しつつ複数者に投票する「制限連記制」がベターだと指摘しています。考えられる改革案ですが、基本的には大選挙区制自体を限定すべきだと思われます。

議会の大選挙区制は、中選挙区制に変えるべきだと考えられます（定数の少ない議会は大選挙区制でもよいでしょう）。これに対して、都道府県と政令市の中選挙区制は、概ね現状を継続してよいと考えられます（都道府県の１人選挙区は統合を検討すべきでしょう）。

　選挙制度の改革は、議員の立場に直結しますし、政党・会派の利害もあって難しいところですが、議会の活性化のためには避けて通れない課題です。自治体議会から国に対して意見・提言を出すべき時期だと思われます。

図表 10-5　自治体議会の機能と選挙制度の関係（要点）

	大選挙区制	中選挙区制	小選挙区制	比例代表制
①代表機能	△多様な意見を代表できるが、選択が難しい	○ある程度多様な意見を代表できる	△少数意見が軽視される、地域利益は代表できる	△政党選択となり、無所属に不利
②政策形成機能	×政策を競う選挙にならない	○個人中心の政策を競う選挙になる	○個人・政党中心の政策を競う選挙になる	○政党中心の政策を競う選挙になる
③行政監視機能	○多様な視点から監視できる	○多様な視点から監視できる	△地域の利益から監視できる	○政党としての監視は可能
総　評	△小規模議会を除いて不向き	○難点が少なく、バランスがよい	△都道府県を除いて不向き	×政党政治の成熟が必要

注：○＝メリットあり、×＝デメリットあり、△＝どちらともいえない、を示す。

【参考文献】

秋葉賢也（2001）『地方議会における議員立法』文芸社

芦部信喜（高橋和之補訂）（2011）『憲法（第5版）』有斐閣

荒木幹郎（2005a）『市町村議会議員のための地方財政の
チェックポイント』㈶富士社会教育センター

荒木幹郎（2005b）『市町村議会議員のための予算の見方＆
チェックポイント』㈶富士社会教育センター

有馬晋作（2017）『劇場型ポピュリズムの誕生―橋下劇場と変
貌する地方政治』ミネルヴァ書房

石田芳弘（2009）「今こそ地方議会改革」『自治日報』2009年
2月20日

礒崎初仁（2004-2007）「連載・自治体議会の政策法務（第1
回〜第32回）」『月刊ガバナンス』2004年8月号〜2007年
3月号

礒崎初仁（2004b）「ローカルマニフェストと地方議会―議員
はマニフェストにどう向き合うか」『月刊ガバナンス』2004
年7月号

礒崎初仁（2012）『自治体政策法務講義』第一法規

礒崎初仁（2014）「あるべき議会像を選択できる制度を―プロ
型議会かアマチュア型議会か」『自治日報』2014年10月24
日

礒崎初仁（2015a）「地方創生には政策の見直しと地方分権を」
『自治日報』2015年6月12日号

礒崎初仁（2015b）「地方版総合戦略と地方分権」『月刊ガバ
ナンス』2015年9月号

礒崎初仁（2016）「首長の権限、議会の影響力―二元代表制を
どう機能させるか」『月刊ガバナンス』2016年9月号

礒崎初仁（2017a）「『政策に強い議会』をつくる―議会基本条
例のその先へ」『月刊ガバナンス』2017年5月号

礒崎初仁（2017b）『知事と権力―神奈川から拓く自治体政権

の可能性』東信堂（近刊）

礒崎初仁・金井利之・伊藤正次（2014）『ホーンブック地方自治（第3版）』北樹出版

磯野隆一（2010）『図解 よくわかる自治体決算のしくみ』学陽書房

岩﨑忠（2013）『自治体の公共政策』学陽書房

後房雄（2006）「マニフェスト以降の地方議会—二元代表制に可能性はあるか」『月刊ガバナンス』2006年3月号

後房雄（2007）「ローカル・マニフェストと二元代表制—自治体再生の胎動と制度の矛盾」『法学論叢』（名古屋大学）217号

江藤俊昭（2004）『協働型議会の構想』信山社

江藤俊昭（2008）『図解 地方議会改革—実践のポイント100』学陽書房

江藤俊昭（2011）『地方議会改革—自治を進化させる新たな動き』学陽書房

江藤俊昭（2012a）『自治体議会学—議会改革の実践方法』ぎょうせい

江藤俊昭（2012b）『自治を担う議会改革—住民と歩む協働型議会の実現（増補版）』イマジン社

江藤俊昭編著、自治体学会議員研究ネットワーク著（2015）『Q＆A 地方議会改革の最前線』学陽書房

大島稔彦（1998）『法制執務ハンドブック』第一法規

大山礼子・藤森克彦（2004）『マニフェストで政治を育てる』雅粒社

大森彌（1995）『現代日本の地方自治』放送大学教育振興会

大森彌編著（2000）『分権時代の首長と議会—優勝劣敗の代表機関』ぎょうせい

大森彌（2002）『新版 分権改革と地方議会』ぎょうせい

大森彌（2008）『変化に挑戦する自治体—希望の自治体行政

学』第一法規

大森彌（2009）「分権時代の議会改革」日経グローカル編『地方議会改革マニフェスト』日本経済新聞社

大森彌（2011）『政権交代と自治の潮流―続・希望の自治体行政学』第一法規

大森彌（2017）『人口減少時代を生き抜く自治体―希望の自治体行政学』第一法規

尾崎善造（2012）『地方議会の12か月―1年の流れがわかる仕事のポイント』学陽書房

香川純一・野村憲一（2015）『自治体の議会事務局職員になったら読む本』学陽書房

片山善博（2007）『市民社会と地方自治』慶應義塾大学出版会

加藤幸雄（2005）『新しい地方議会』学陽書房

加藤幸雄・平松弘光（2011）『議員条例集覧 新規政策条例編』公人社

金井辰樹（2003）『マニフェスト―新しい政治の潮流』光文社

加茂利男・白藤博行・加藤幸雄・榊原秀訓・柏原誠・平井一臣（2011）『地方議会再生―名古屋・大阪・阿久根から』自治体研究社

川人貞史・吉野孝・平野浩・加藤淳子（2011）『現代の政党と選挙（新版）』有斐閣

神原勝・中尾修・江藤俊昭・広瀬克哉（2014）「（座談会）議会改革はどこまですすんだか―改革8年の検証と展望」『北海道自治研究』2014年12月

神原勝・大矢野修編著（2015）『総合計画の理論と実務―行財政縮小時代の自治体戦略』公人の友社

北川正恭（2006）『マニフェスト革命―自立した地方政府をつくるために』ぎょうせい

北川正恭（2007）『マニフェスト進化論―地域から始まる第二の民権運動』生産性出版

久米郁男・川出良枝・古城佳子・田中愛治・真渕勝（2011）『政治学（補訂版)』有斐閣

黒田展之編（1984）『現代日本の地方政治家』法律文化社

肥沼位昌（2015）『図解 よくわかる自治体財政のしくみ（第2次改訂版)』学陽書房

駒林良則（2006）『地方議会の法構造』成文堂

今後の町村議会のあり方と自治制度に関する研究会（2013）『町村議会議員の活動実績と意識—町村議会議員意識調査をふまえて』（全国町村議会議長会 HP から入手）

佐々木毅（2009）『政治の精神』岩波書店

佐々木毅（2012）『政治学講義（第2版)』東京大学出版会

佐々木信夫（2009）『地方議員』PHP 研究所

佐々木信夫（2016）『地方議員の逆襲』講談社

定野司（2010）『図解 よくわかる自治体予算のしくみ』学陽書房

佐藤竺・八木欣之介編著（1998）『地方議会活性化ハンドブック』ぎょうせい

自治体議会改革フォーラム（2015）「議会基本条例制定状況」（2015年9月現在）（同フォーラム HP から入手）

自治体法務検定委員会編（2017a）『自治体法務検定公式テキスト〈基本法務編〉平成29年度検定対応』第一法規

自治体法務検定委員会編（2017b）『自治体法務検定公式テキスト〈政策法務編〉平成29年度検定対応』第一法規

篠原一（2004）『市民の政治学』岩波書店

柴田直子・松井望編著（2012）『地方自治論入門』ミネルヴァ書房

新藤宗幸（2013）『日曜日の自治体学』東京堂出版

砂原庸介（2011）『地方政府の民主主義—財政資源の制約と地方政府の政策選択』有斐閣

政策評価各府省連絡会議（2001）「政策評価に関する標準的ガ

イドライン」2001 年 1 月 15 日了承（総務省 HP から入手）

全国市議会議長会（2007）『地方議会議員ハンドブック』ぎょうせい

全国町村議会議長会編（2015）『議員必携（第 10 次改訂新版)』学陽書房

総務省（2008）「地方議会について」2008 年 6 月 27 日地方制度調査会配布資料（総務省 HP から入手）

総務省（2015）「議会制度関連資料」2015 年 10 月 2 日地方制度調査会配布資料（総務省 HP から入手）

総務省（2016a）「法第 96 条第 2 項の規定による議会の議決すべき事件に関する調（2016 年 4 月 1 日現在)」地方自治月報第 58 号（総務省 HP から入手）

総務省（2016b）「インターネット選挙運動の解禁に関する情報」（総務省 HP から入手）

曽我謙悟・待鳥聡史（2007）『日本の地方政治—二元代表制政府の政策選択』名古屋大学出版会

田口一博（2010）「首都圏都市型自治体議会の会派における政策形成」礒崎初仁編著『変革の中の地方政府—自治・分権の制度設計』中央大学出版部

田口一博（2015）『議会の？がわかる本—住民と議員の議会運営 12 か月』中央文化社

竹下譲（2009）「地方行政から地方政治へ—議会こそ自治の主役」日経グローカル編『地方議会改革マニフェスト』日本経済新聞社

竹下譲（2010）『地方議会—その現実と「改革」の方向』イマジン出版

武田正孝（2015）『図解 よくわかる地方議会のしくみ』学陽書房

地方議会に関する研究会（総務省）（2015）『地方議会に関する研究会報告書』2015 年 3 月（総務省 HP から入手）

地方制度調査会（2009）『今後の基礎自治体及び監査・議会制度のあり方に関する答申』2009 年 6 月 16 日

地方制度調査会（2016）『人口減少社会に的確に対応する地方行政体制及びガバナンスのあり方に関する答申』2016 年 3 月 16 日

ツェベリス，ジョージ（眞柄秀子、井戸正伸監訳）（2009）『拒否権プレイヤー』早稲田大学出版部

土山希美枝編著（2012）『「質問力」からはじめる自治体議会改革』公人の友社

辻陽（2015）『戦後日本地方政治史論—二元代表制の立体的分析』木鐸社

都市行政問題研究会（2006）『「分権時代における市議会のあり方」に関する調査研究報告書—市議会の現場から議会制度を見つめ直す』（全国市議会議長会 HP から入手）

都道府県議会制度研究会（2007）『自治体議会議員の新たな位置付け—都道府県議会制度研究会最終報告』（全国都道府県議会議長会 HP から入手）

中北浩爾（2012）『現代日本の政党デモクラシー』岩波書店

中邨章（2016）『地方議会人の挑戦—議会改革の実績と課題』ぎょうせい

中邨章監修、牛山久仁彦・廣瀬和彦編（2012）『自治体議会の課題と争点—議会改革・分権・参加』芦書房

西尾勝編著（2005）『自治体デモクラシー改革—住民・首長・議会』ぎょうせい

西尾勝・大森彌編著（1986）『自治行政要論（地方公務員のための法律講座 3)』第一法規

西尾真治・宇於崎美佐子（2004）「『ローカルマニフェスト』が迫る地方議会・議員の改革」『地方財務』2004 年 6 月号

日経グローカル編（2009）『地方議会改革マニフェスト』日本経済新聞社

野村稔（2000）『地方議会への 26 の処方箋―分権改革のフロントランナーとなるために』ぎょうせい

橋下徹（2010）「『議会内閣制』提案の考え方―『地方政府基本法』の制定に向けて（未定稿）」（大阪府 HP から入手）

早坂剛（2001）『条例立案者のための法制執務』ぎょうせい

廣瀬和彦（2013）『地方議員ハンドブック』ぎょうせい

廣瀬克哉（2010）『「議員力」のススメ』ぎょうせい

廣瀬克哉・自治体議会改革フォーラム編（2011 ～ 2016）『議会改革白書 2011 年版～ 2016 年版』生活社

ポルスビー，N. W.（2001）「立法府」加藤秀治郎・水戸克典編『議会政治（第 2 版）』慈学社

眞柄秀子・井戸正伸編（2007）『拒否権プレイヤーと政策転換』早稲田大学出版部

増田寛也編著（2014）『地方消滅―東京一極集中が招く人口急減』中央公論新社

待鳥聡史（2015）『代議制民主主義』中央公論新社

まち・ひと・しごと創生本部事務局（2016）「地方人口ビジョン及び地方版総合戦略の策定状況」2016 年 4 月（内閣官房 HP から入手）

松沢成文（2005）『実践 ザ・ローカル・マニフェスト』東信堂

松沢成文（2008）『実践 マニフェスト改革―新たな政治・行政モデルの創造』東信堂

松下圭一（1996）『日本の自治・分権』岩波書店

松下圭一（2005）『自治体再構築』公人の友社

松本英昭（2015）『新版 逐条地方自治法（第 8 次改訂版）』学陽書房

馬渡剛（2010）『戦後日本の地方議会―1955 ～ 2008』ミネルヴァ書房

水島治郎（2016）『ポピュリズムとは何か』中央公論新社

村松岐夫（1988）『地方自治』東大出版会

村松岐夫・伊藤光利（1986）『地方議員の研究』日本経済新聞社

森田朗（2017）『新版 現代の行政』第一法規

森脇俊雅（2013）『日本の地方政治―展開と課題』芦書房

山口二郎（2012）『政権交代とは何だったのか』岩波書店

山口二郎（2013）『いまを生きるための政治学』岩波書店

山口道昭（2015）『明快！ 地方自治のすがた―自治制度から公務員・財政制度まで』学陽書房

山崎正（2004）『地方議員のための予算・決算書読本』勁草書房

吉田徹（2011）『ポピュリズムを考える―民主主義への再入門』NHK出版

四日市大学地域政策研究所（2003）『ローカル・マニフェスト―政治への信頼回復をめざして』イマジン出版

ローカル・マニフェスト推進地方議員連盟編（2010）『地方議員 マニフェスト実践マニュアル』国政情報センター

著者紹介

礒崎　初仁（いそざき・はつひと）

中央大学法学部教授（地方政府論担当）、同大学院法学研究科教授

［略歴］

1958 年　愛媛県生まれ

1984 年　東京大学法学部卒業

1985 年　神奈川県入庁（農政部、土木部、企画部、福祉部等に勤務）

1993 年　東京大学大学院法学政治学研究科修了（研修派遣）

2002 年　神奈川県退職、中央大学法学部教授（現在に至る）

2002 年　政策研究大学院大学客員教授（～2004 年）

2005 年　神奈川県参与（～2011 年）

2006 年　行政書士試験委員（～2013 年）

2013 年　英国・サウサンプトン大学客員研究員(～2014 年)

［専門分野］

地方自治論、行政学、政策法務論

［所属学会］

自治体学会、日本行政学会、日本公共政策学会、日本自治学会、日本
政治学会、日本地方自治学会

［著書・論文］

『分権時代の政策法務』北海道町村会、1999 年

『都道府県を変える！』（共著）ぎょうせい、2000 年

『政策法務の新展開』（編著）ぎょうせい、2004 年

『変革の中の地方政府』（編著）中央大学出版部、2010 年

『自治体政策法務講義』第一法規、2012 年

『ホーンブック地方自治（第 3 版)』（共著）北樹出版、2014 年

『知事と権力－神奈川から拓く自治体政権の可能性』東信堂、2017 年
（近刊）

「連載・自治体議会の政策法務（第1回〜第32回）」『月刊ガバナンス』
2004年8月号〜2007年3月号　　ほか

［ブログ］

礒崎初仁のブログ　http://hatsuisozaki.blog.fc2.com/

コパ・ブックス発刊にあたって

　いま、どれだけの日本人が良識をもっているのであろうか。日本の国の運営に責任のある政治家の世界をみると、新聞などでは、しばしば良識のかけらもないような政治家の行動が報道されている。こうした政治家が選挙で確実に落選するというのであれば、まだしも救いはある。しかし、むしろ、このような政治家こそ選挙に強いというのが現実のようである。要するに、有権者である国民も良識をもっているとは言い難い。

　行政の世界をみても、真面目に仕事に従事している行政マンが多いとしても、そのほとんどはマニュアル通りに仕事をしているだけなのではないかと感じられる。何のために仕事をしているのか、誰のためなのか、その仕事が税金をつかってする必要があるのか、もっと別の方法で合理的にできないのか、等々を考え、仕事の仕方を改良しながら仕事をしている行政マンはほとんどいないのではなかろうか。これでは、とても良識をもっているとはいえまい。

　行政の顧客である国民も、何か困った事態が発生すると、行政にその責任を押しつけ解決を迫る傾向が強い。たとえば、洪水多発地域だと分かっている場所に家を建てても、現実に水がつけば、行政の怠慢ということで救済を訴えるのが普通である。これで、良識があるといえるのであろうか。

　この結果、行政は国民の生活全般に干渉しなければならなくなり、そのために法外な借財を抱えるようになっているが、国民は、国や地方自治体がどれだけ借財を重ねても全くといってよいほど無頓着である。政治家や行政マンもこうした国民に注意を喚起するという行動はほとんどしていない。これでは、日本の将来はないというべきである。

　日本が健全な国に立ち返るためには、政治家や行政マンが、さらには、国民が良識ある行動をしなければならない。良識ある行動、すなわち、優れた見識のもとに健全な判断をしていくことが必要である。良識を身につけるためには、状況に応じて理性ある討論をし、お互いに理性で納得していくことが基本となろう。

　自治体議会政策学会はこのような認識のもとに、理性ある討論の素材を提供しようと考え、今回、コパ・ブックスのシリーズを刊行することにした。COPAとは自治体議会政策学会の英略称である。

　良識を涵養するにあたって、このコパ・ブックスを役立ててもらえれば幸いである。

自治体議会政策学会　会長　竹下　　譲

自治体議員の政策づくり入門
―「政策に強い議会」をつくる―

発行日	2017 年 7 月 18 日
著　者	礒崎　初仁
発行人	片岡幸三
印刷所	倉敷印刷株式会社
発行所	イマジン出版株式会社Ⓒ

〒 112-0013　東京都文京区音羽 1-5-8
電話　03-3942-2520　FAX　03-3942-2623
http://www.imagine-j.co.jp

ISBN978-4-87299-763-7　C2031　￥1500E

乱丁・落丁の場合は小社にてお取替えいたします。